Susanne Schaber

PROVENCE
Wo das Licht dem Meer begegnet

Mit Fotografien
von Karl Mühlberger

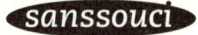

1 2 3 4 5   14 13 12 11 10

ISBN 978-3-8363-0224-1
© Sanssouci im Carl Hanser Verlag, München 2010
Einband, Schuber und Vorsatz: Hauptmann & Kompanie
Werbeagentur GmbH, Zürich, unter Verwendung von
Fotos von Karl Mühlberger
Karte: cartomedia, Karlsruhe/München
Satz: Satz für Satz. Barbara Reischmann, Leutkirch
Druck und Bindung: GGP Media GmbH, Pößneck
Printed in Germany

Vorwort

Zuerst sind es die Bilder: die Olivenbäume und Schwertlilien Vincent van Goghs, das hell erleuchtete Nachtcafé von Arles, der lodernd blaue Himmel über der Rhône. Das Meer bei L'Estaque, von Cézanne gemalt, das Flirren des Lichts, wenn es aufs Wasser trifft. Und natürlich die Montagne Sainte-Victoire: das erste Aquarell, das ich geschenkt bekomme. Ein Freund von mir hat es gemalt, eine Hommage an sein großes Vorbild. Da bin ich siebzehn. Es hängt lange in meinem Zimmer.

Die Provence scheint mir schon damals vertraut und fremd zugleich. Ich bin viel unterwegs. Dass es mich dabei nie in den Süden Frankreichs gedrängt hat, wundert mich bis heute. Als hätte ich Scheu gehabt, diesem Landstrich wirklich zu begegnen, meine inneren Bilder zu verlieren.

Im Herbst 1992 dann die Reise ins Languedoc. Die Provence liegt unverschämt nahe. Nun denn: ein erster Ausflug nach Avignon, ein kurzer Abstecher nach Les-Saintes-Maries-de-la-Mer. Ich habe Feuer gefangen. Und zögere immer noch. Es dauert weitere zwölf Sommer, ehe ich mich endlich traue. Ein paar Stunden, nicht einmal Tage, und ich bin vollends gefangen. Die Provence wird zur Passion – und Oppède-le-Vieux im Luberon zum Ankerpunkt. Von hier aus breche ich in alle Richtungen auf: nach Marseille und in die Calanques, in die Abteien von Ganagobie und Sénanque, auf ein plateau de fruits de mer nach Aix, zum Wandern in die einsamen Hochebenen der Haute-Provence. Neuland, allen früheren Bildern zum Trotz, lustvoll zu befahren und zu erkunden: Die Trauben hängen tief, das Staunen hört nicht auf. Die Landschaften erzählen Geschichten: von Minnedienst und Liebesleid, vom Leben mit Oli-

ven, Wein und Honig, von den Zeiten der Résistance und den wundersamen Wegen der Maler, von lichten Küsten, wo das Salz blüht. Und immer wieder Petrarca. Er taucht hinter den Felsen des Mont Ventoux auf, verschwindet ganz plötzlich und biegt dann in Avignon um die Ecke – und mit ihm eine Vielzahl neuer Überraschungen.

Viele dieser Geschichten gehören inzwischen auch zu mir. Sie regen mich an, gehen mir nahe. Seit jener Zeit, da er seine erste Reise in den Süden unternommen hat, wisse er, dass es in Wirklichkeit nur einen einzigen Kompass gebe, dem man trauen könne, erinnert sich der niederländische Schriftsteller Cees Nooteboom. »Er steckt in einem selbst. Wer sich reisend auf die Suche nach dem Unvorhergesehenen begibt, ohne wirklich damit zu rechnen, wird nie ganz enttäuscht. Damit meine ich nicht die großen Ereignisse, eher das Gegenteil, einen Blick, einen Satz, ein Bild, einen Gedanken, der etwas an deinem inneren Räderwerk verschiebt, wodurch später, vielleicht erst viel später, etwas geschieht oder klar wird, das dein Leben für immer prägt. «

Den Lavendel in meinem Wiener Garten habe ich im Luberon ausgegraben. Die Nadel von meinem inneren Kompass zeigt nach Süden. Die Provence ist nur einen Katzensprung entfernt. Die Koffer sind gepackt.

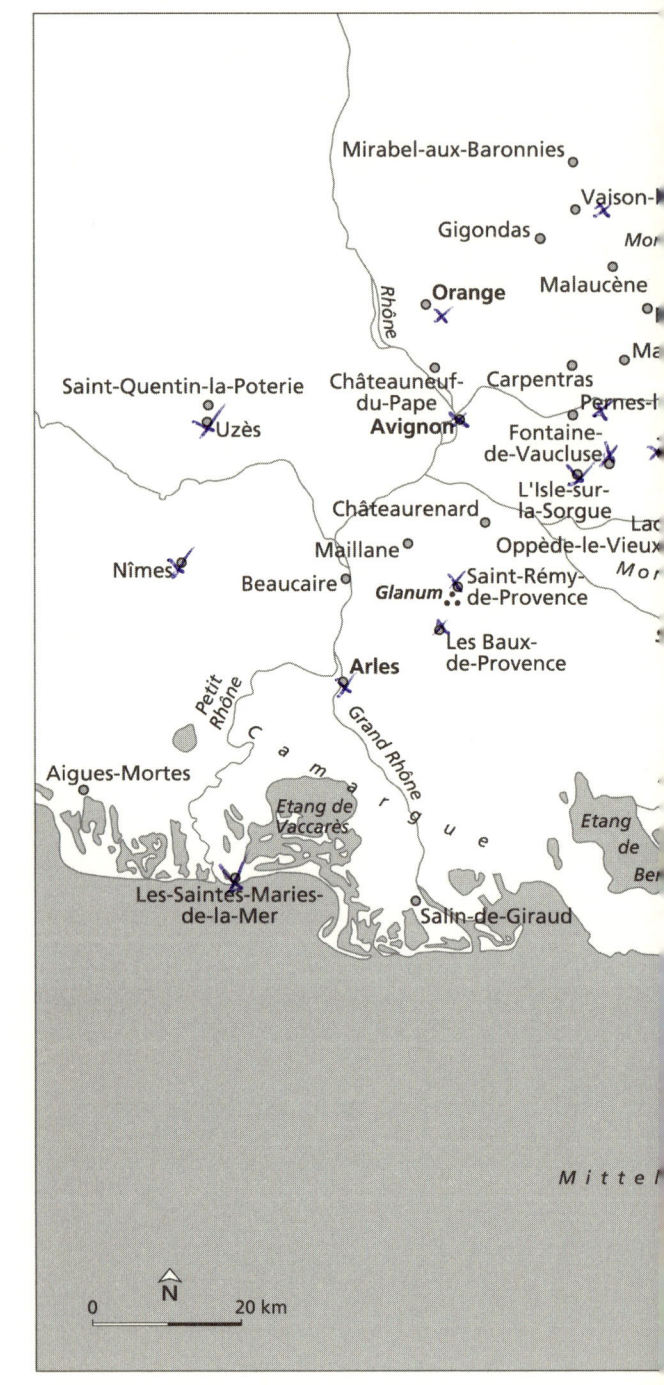

Die Provence und ihr Olymp
Mit Petrarca auf den Mont Ventoux

Geliebt sind die Straßen,
welche ihr Zielland nicht verheißen.

René Char

Was ist ihm da wieder eingefallen? Seine Freunde schütteln den Kopf. Was, um Gottes willen, sucht man dort oben, auf einem kahlen, kalten Gipfel, wo die Bergziegen hausen und die Dohlen und wo sonst nichts zu finden ist als Steine und Geröll? Kein Felsunterschlupf, keine Hütte, keine Quelle. Und wenn nun schlechtes Wetter hereinbricht, wenn ihn unterwegs die Kräfte verlassen? Ja, was dann –? Als ob seine Gedanken nicht schon am Schreibtisch ausreichend Auslauf hätten. Und überhaupt: Lässt sich's nicht auch unten im Tal, in einem Garten oder Park, ganz wunderbar und vergnüglich wandeln?

Doch Francesco Petrarca bleibt unbeirrt. Er ist in Carpentras aufgewachsen, am Fuß des Ventoux. Nun will er endlich wissen, wie es am Gipfel aussieht und wie die Welt von oben. »Viele Jahre lang hatte dieses Unternehmen mir im Sinne gelegen«, schreibt er seinem Freund, Dionigi di Borgo San Sepolcro. »Habe ich doch in der hiesigen Gegend, wie du weißt, seit meiner Kindheit geweilt, wie eben das Schicksal die menschlichen Dinge fügt. Dieser Berg aber, der von allen Seiten weithin sichtbar ist, steht mir fast immer vor Augen.« Bei Livius hat Petrarca gelesen, dass Gipfelbesteigungen dereinst zum Reiseprogramm von Königen und Kaisern gehört haben. Ein Gedanke, der ihm ausnehmend gut gefällt. Zusammen mit seinem Bruder und zwei Bediensteten reist er nach Malaucène, einem kleinen Ort am westlichen Fuß des Ventoux. Von hier aus will man durch Wälder, Büsche und Gestrüpp bis in eine Höhe von mehr als eintausend-neunhundert Metern aufsteigen.

Es muss ein schöner, klarer Tag gewesen sein, dieser 26. April 1336, als die beiden Brüder Petrarca in Malaucène aufbrechen. »Nicht ohne viel Beschwerde«, wie Francesco berichtet. »Der Ventoux ist nämlich eine jäh abstürzende, fast unzugängliche Felsmasse. Indessen gut hat es der Dichter gesagt: Verwegenes Mühen alles zwingt. Ein langer Tag, schmeichelnde Luft, Lebensfeuer der Gemüter, Kraft und Gewandtheit der Leiber und was es sonst dergleichen geben mag, stand uns beim Wandern zur Seite; einzig widerstand uns die Natur des Ortes.«

Der Anstieg ist beschwerlich und ermüdend. Es dauert Stunden, ehe die Kuppe erreicht ist. Dort überwältigt ihn das Panorama. »Zuerst stand ich, durch einen ungewohnten Hauch der Luft und durch einen ganz freien Rundblick bewegt, einem Betäubten gleich«, schwärmt Petrarca. Erst nach und nach legt sich der Schwindel, die Ländereien der Provence breiten sich vor seinen Augen aus. Carpentras und das Vaucluse, Avignon, die Alpilles und die Berge der Haute-Provence, die Camargue und das Meer. Ganz hinten, im Nordwesten, die Gletscher des Montblanc, im Süden der Canigou und die Gipfel der Pyrenäen.

Der Ventoux ist der heilige Berg der Provenzalen, und die Provence ein Land voller Versprechen: Hügel mit Weinbergen und Zypressen, Ebenen mit Äckern voller Spargel, Auberginen und Erdbeeren, karge Hochplateaus mit Schafen und Lavendelfeldern, Sonnenblumen und Mohn entlang der Bäche und Kanäle, römische Triumphbogen und romanische Kapellen, felsige Fjorde entlang der Küste. Das Licht im alten Hafen von Marseille, gelbgrüne Sterne über dem winterlichen Arles, Nebelschwaden zwischen den Felsen der

Montagne Sainte-Victoire, Herbstsonne auf den Ruinen von Les Baux. Über dem Markt von Lourmarin blauer Himmel ohne Ende.

Die Bilder von der Provence kommen in Hochglanz daher, satte Farben, pralles Leben. Ein Mosaik. Wer genauer hinschaut, sieht blinde Flecken. Es gibt sie eben doch nicht, *die* Provence, das fertige Porträt, die festgeschriebenen Routen. Überall liegen Steinchen. Wer sie aufhebt, schafft sich sein eigenes Bild, findet seine Wege, seine innere Landkarte. Und noch viel mehr.

Die Zikaden singen. *Bonne route!*

Rückfahrkarte? Keine
Alle wollen in den Süden:
Die Provence der Sehnsüchte

Der *Café au lait* am Hauptplatz von Uzès, wenn die Händler ihre Marktstände aufbauen. Das Picknick mit Baguette, Käse und Wein neben dem Lavendelfeld. Die Siesta unter dem Mandelbaum. Kleine Happen vom Paradies. Der Norden träumt vom Süden, und auch das Herz Europas sucht den leichteren Takt. In den Steinhäusern mit den blauen Fensterläden treffen alle aufeinander, Menschen aus Hamburg und Hannover, Wien und Linz, Bern, Basel und Genf: Hier lässt es sich leben. Und das Sein, das wird sich dann wohl auch noch lernen lassen. Wo, wenn nicht in der Provence?

Es ist ein lang gehegter Wunsch: endlich einmal den Spuren der Templer folgen, zu den Burgen und Kapellen mit ihren geheimen Zeichen und verschlüsselten Botschaften, den rätselhaften Symbolen in Fels und Stein. Etliche davon sind in der Provence zu finden, das weiß Sepp Weichenberger seit vielen Jahren. Und weil Träume Flügel brauchen, mietet er sich im Sommer 1994 eine Cessna und fliegt los. Er nähert sich dem Landstrich aus der Luft, landet in Avignon, fährt von dort mit dem Wagen weiter. Sepp ist hingerissen. Als er nach Wien zurückkehrt, lassen ihn die Bilder seiner Reise nicht mehr los. Zwei Wochen später hat er seine Frau Patricia und die beiden Kinder ins Auto gepackt und in die Provence verfrachtet. Der Lac de Sainte-Croix nahe den Gorges du Verdon ist ihm schon vom Cockpit aus aufgefallen. Der erste Urlaub im Süden Frankreichs beginnt am Campingplatz und im Zelt.

Die Weichenbergers kommen wieder, wieder und wieder. Die alten Steinhäuser haben es ihnen angetan, das Schild *à vendre* zieht sie magisch an. Doch an den Kauf einer Immobilie ist vorerst nicht zu denken, dafür fehlt das Geld. Dem Zeltplatz folgen die Hotels und Ferienwohnungen in allen Regionen Südfrankreichs. Die Gegend zwischen Gorges du Verdon, Massif de la Sainte-Baume und Montagne Sainte-Victoire, *Provence verte* genannt, sagt den vieren am meisten zu: Nizza und Aix sind nicht weit, Berge und Meer schnell zu erreichen. Dazu wenig Tourismus, viel Landschaft, ein beschaulicher Alltag.

Jahre vergehen. Mit den eigenen Möglichkeiten steigen auch die Preise. An ein Steinhaus ist nicht mehr zu denken, solche Objekte sind längst unbezahlbar. Also konzentriert man sich auf den Kauf eines Grundstücks. Sepp Weichenberger ist Architekt. Dem Plan, sein Haus selbst zu entwerfen, kann er einiges abgewinnen. Zusammen mit einem Makler aus Aix machen sich die Weichenbergers auf die Suche – und landen schließlich in Correns, auf dem Camp Redon, einem Hügel östlich des Dorfes. Schon das erste Grundstück, das ihnen gezeigt wird, sagt der Familie zu. Aber er habe da noch ein weiteres, verrät der Makler. »Zuerst konnte ich mir nicht vorstellen, dass man dort bauen kann«, erzählt Patricia. Wildnis breitet sich vor ihren Augen aus. »Ich hab mir die Beine aufgerissen und geblutet, als wir uns einen Weg durch das Dickicht geschlagen haben.« Doch dann der Blick hinunter, auf die Ebene vor Correns, auf eine Landschaft mit Weinbergen, Obstbäumen und Pinien, hinüber zum Gros Bessillon, der höchsten Erhebung der Gegend. Und – kann das wirklich sein? Ganz hinten, am Horizont, die Umrisse der Montagne Sainte-Victoire. Die Entscheidung fällt auf der Stelle.

Ein österreichischer Anwalt prüft den Kaufvertrag, sechzehntausend Quadratmeter Land, im Grundbuch als Bauland deklariert. Juristisch sei alles in Ordnung, versichert er ihnen. Die Weichenbergers bleiben misstrauisch und lassen die Papiere von einer französischen Juristin ein weiteres Mal begutachten. Auch sie gibt grünes Licht. Im Dezember 2003 reisen Sepp und Patricia zur Vertragsunterzeichnung nach Aix-en-Provence. Champagner! Die leere Flasche vergraben die beiden auf ihrem Grundstück.

Inzwischen gibt es Pläne und ein Modell: Sepp Weichenberger hat das Projekt lange mit sich herumgetragen und mit seiner Frau diskutiert. Französische Freunde dämpfen die Vorfreude auf das eigene Haus. Leicht würde es nicht werden, die Pläne bei der Kommission für Gestaltungsfragen durchzubringen. In der Provence ist man konservativ, auch beim Bauen. Die Auflagen sind streng: die Farbe der Fensterläden, die Materialien, die Anlage des Gartens, alles vorgeschrieben. Sepp Weichenberger hält sich an vieles – aber nicht an alles. Doch er hat Glück und trifft auf einen Sachverständigen, der die Entwürfe gutheißt, ja mehr noch: der sie begeistert absegnet. Freie Bahn für die Baugenehmigung. Champagner! Die größte Hürde scheint genommen, es kann losgehen.

Doch nun schaltet sich der Bürgermeister von Correns ein. Nein, ganz so einfach sei das nicht, zuerst müsse das Grundstück abgeholzt und das trockene Gestrüpp entfernt werden, erklärt er. Die Brandschutzbestimmungen haben Priorität, es brennt oft und schnell in dieser Gegend. Kein Problem, die Weichenbergers lassen roden. Und wundern sich dann, als sie ein weiterer Brief erreicht: Es fehle noch die Zufahrt für die Feuerwehr. Man lässt bauen. Gibt es sonst noch Auflagen? Nein, keine. Doch die Baugenehmigung trifft trotzdem nicht ein.

Nein, mit ihnen beiden habe das nichts zu tun, versichert ihnen der Bürgermeister, als sie einmal mehr bei ihm vorsprechen, im Gegenteil: Sie seien ihm sympathisch, und er habe auch nichts gegen Ausländer. Und überhaupt: Der Tourismus bringe Geld in die ohnehin eher arme Gegend.

Wieso also sollte er verhindern wollen, dass sie sich am Camp Redon ansiedeln wie viele andere vor ihnen? Aber entscheiden kann Bürgermeister M. dies nicht alleine, er hat keine Mehrheit im Gemeinderat. Dort gebe es Stimmen, flüstert er ihnen zu, die sich mit allem Nachdruck gegen die Verbauung des Geländes wehren. Patricia und Sepp Weichenberger sind ratlos. Inzwischen haben sie Erkundigungen über die bürokratischen Gepflogenheiten der provenzalischen Gemeinden und Behörden eingeholt. »Ein Franzose hätte unser Grundstück *so* nie gekauft«, hat Patricia erfahren: Zwischen Bauland und Baugenehmigung liegen Welten. Das muss man wissen.

Ja, das stimme wohl so, bestätigt Maître Guin, ein Baurechtsexperte mit Büro in Aix-en-Provence, den man inzwischen regelmäßig konsultiert: Der Kauf eines Baugrundstücks ermächtige nicht automatisch zum Bau eines Hauses. Die Chancen, dass seine österreichischen Mandanten am Camp Redon doch noch ihren Traum verwirklichen könnten, stünden fünfzig zu fünfzig. Mehr will er ihnen nicht versprechen.

Es habe Momente gegeben, da habe sie alles hinschmeißen wollen, gesteht Patricia. Und besinnt sich doch eines Besseren. Sie macht einen Schritt nach vorn und eröffnet in Wien ein Lokal, das *Coté Sud*: provenzalische Küche, provenzalische Weine, ein Stück südländischer Lebensart. Das Warten wird leichter. Sepp bleibt ohnehin optimistisch. Die Familie hat in Correns längst Wurzeln geschlagen. »Uns gefällt's hier auch im Herbst und Winter, uns gefällt's hier immer.« Das bindet. »Ich sehne mich nach dieser ganz anderen Lebensweise, dem Aufgehen in der Natur«, so Patricia. Wien soll Heimat bleiben, auch beruflich, doch eigentlich kann sie sich inzwischen vorstellen, das halbe Jahr in Correns zu verbringen.

Das Dorf lehrt den langsamen Gang. Die Wege sind kurz: über den Hauptplatz, vorbei am Rathaus und an der Kirche Notre Dame, zur *Boulangerie* und dem kleinen Supermarkt und weiter zur *Cooperative du vin* am Ortsende. Von dort hinauf zu den Ruinen des Fort Gibron und zurück auf die Place Général de Gaulle, in die Bar *Cercle de l'avenir,* der Zirkel der Zukunft. Ein gutes Omen? Die Weichenbergers üben sich in Geduld. Die Lobby der Jäger sei zu stark, die sähen sich um ihre Jagdgründe betrogen, wird ihnen zugetragen. Am Camp Redon hausen die Wildschweine. Und die landen in Würsten und Pasteten und in den Töpfen und Backrohren der Köchinnen und Köche.

Civet de sanglier
Wildschweinpfeffer

Für 4 Personen:
750 g Wildschwein
Salz und Pfeffer
500 ml Rotwein (Gigondas oder Châteauneuf-du-Pape)
2 Zwiebeln
8 Knoblauchzehen
2 Möhren
2 Zweige Thymian
2 Lorbeerblätter
2 El Schweineschmalz
20 ml Cognac
50 g Butter
2 El Mehl

Das Fleisch in Stücke schneiden, salzen, pfeffern, in eine Schüssel legen und den Rotwein darübergießen. Die Zwiebeln schälen und vierteln, Knoblauchzehen abziehen, Möhren putzen und in Stücke schneiden und alles zum Fleisch geben. Die Kräuter hinzulegen und das Fleisch zugedeckt mindestens 24 Stunden marinieren lassen.

Das Fleisch aus der Marinade nehmen und trocken tupfen. Schmalz in einer Pfanne erhitzen, die Fleischstücke darin von allen Seiten anbraten, mit einem Schöpflöffel herausnehmen und in einen Schmortopf geben. Mit dem Cognac übergießen und flambieren.

Die Marinade durch ein Sieb zum Fleisch gießen und auf niedriger Temperatur schmoren, bis es weich geworden ist (bei einem jungen Wildschwein dauert das etwa 1½ Stunden, bei einem älteren eher 2½).

Vor dem Servieren die Butter zerlassen, das Mehl hineinstreuen und eine helle Mehlschwitze zubereiten. Etwas Sauce hinzufügen und verrühren, dann die Mischung in den Topf geben, gut durchrühren und einige Minuten köcheln lassen. Das Fleisch in eine Schüssel füllen, mit der Sauce übergießen und mit gekochten oder gebackenen Kartoffeln oder weißen Bohnen servieren.

Den ganzen Herbst und Winter über sind Jäger am Camp Redon unterwegs. Doch im Gemeinderat sitzen nicht nur sie, sondern auch noch all jene, die gegen die Immobilienmakler rebellieren: Kaufen unser Land auf, schimpfen sie, um es mit satten Gewinnen weiterzuverscherbeln. Denen will man einen Denkzettel verpassen und fortan jeden Neubau blockieren.

Sepp Weichenbergers Modell für das Haus verstaubt. So vergehen Jahre. Bis am 15. April 2007 ein Brief in der Post liegt: der Bescheid der Gemeinde Correns, wonach die Baugenehmigung einmal mehr abgelehnt worden ist. Doch diesmal kommt auch ein Anruf aus Aix. Maître Guin, als Rechtsanwalt längst Vertrauter der Familie, jubelt: Der Bürgermeister hat einen Formfehler begangen. Der Brief ist zwei Tage zu spät in Wien eingetroffen. Eine Fristversäumnis mit weitreichenden Folgen: Nun hat man die Baugenehmigung in der Tasche. Die Gemeinde empört sich, der Akt wandert von Nizza nach Marseille – und könnte auch noch in Draguignan landen. Doch die Weichenbergers haben das Recht auf ihrer Seite, nun kann sie nichts mehr bremsen. Der Weg scheint frei, endlich. Die Montagne Sainte-Victoire ist zum Greifen nah.

»Rückfahrkarte gab's keine.« Birgit Vanderbeke lacht. Im April 1993 springen sie, ihr Mann und ihr kleiner Sohn auf den fahrenden Zug. Zielbahnhof: der Süden Frankreichs. Eigentlich ist man gerade erst von Frankfurt nach Berlin übersiedelt, doch das dortige Leben hält nicht, was es versprochen hat. Also hat die Familie kurzerhand beschlossen, es anderswo zu versuchen. Zu Ostern fahren die drei los und landen in der Gegend von Uzès im Gard Provençal. Die Gegend kennen sie nicht, doch sie verlieben sich sofort in den Landstrich. Dörfer und Städtchen inmitten von Hügeln voller Weingärten und Olivenbäume, gemächlich dahinziehende Flüsse mit Buchten zum Baden, die Farben des Sandsteins zwischen dem Grün der Wälder. Und nun kommt das Glück daher: Innerhalb von drei Wochen finden sie ein Haus in St.-Quentin-la-Poterie, drei Monate später ziehen sie ein. Die Schlüssel gehen leicht ins Schloss. Und doch hätte sie sich manchmal gewünscht, über einen Nebenausgang wieder verschwinden zu können, erinnert sich die bekannte Schriftstellerin Birgit Vanderbeke. Aber den gibt es nicht. Ihre Wohnung in Frankfurt, die sie gern weiter behalten hätte, wird gekündigt. »Im Nachhinein kann man sagen, dass das ein Glücksfall war – Leben geht nur ohne Hintertüren.« Viele, die sich hier anzusiedeln versuchen, kommen gar nicht richtig an, meint Birgit Vanderbeke. Das konnte ihr nicht passieren, mit einem siebenjährigen Sohn ist man gleich mittendrin. »Man hat ziemlich schnell nach uns gegriffen und mich schon im ersten Jahr zur Vize-Elternsprecherin einer Bullerbü-Schule ernannt. In der Funktion habe ich gleich die Erfahrung gemacht, mit der Diözese von Nîmes über die Reparatur des schadhaften Schuldaches verhandeln zu müssen – erfolglos übrigens. Das ging also alles ziemlich unvermittelt auf mich los.« Ihr Sohn Julian hatte es da schwerer. Er kämpfte mit der Sprache.

In der ersten Zeit habe sie wie verrückt im Garten gearbeitet und Pflanzen gesetzt, erzählt Birgit Vanderbeke. Da sei es ihr wohl ums Einwurzeln gegangen, wie sie es nennt. Die meisten Blumen und Bäumchen seien allerdings binnen kürzester Zeit wieder eingegangen. Zufall? Es dauert drei Jahre, bis sich die Familie wirklich heimisch fühlt. Viele sitzen einem Klischee auf, einem einfachen Umkehrschluss, so Birgit Vanderbeke. »Wir haben eine große Liebe zu Südfrankreich, und deswegen muss Südfrankreich auch uns lieben. Das muss es allerdings nicht.« Erst als klar gewesen sei, dass sie sich ganz hier niederlassen und hier auch leben würden, seien sie mit offenen Armen aufgenommen worden.

Schwer hat man es zudem, wenn man sein Anwesen den Herbst, Winter und Frühling über leer stehen lässt und im Sommer dann provenzalisches Flair von den Menschen um einen herum erwartet, hat Birgit Vanderbeke immer wieder beobachtet. Doch das wird nicht einfach frei Haus geliefert. »Unser jetziger Nachbar ist ein nach Detroit ausgewanderter Manager der Automobilindustrie, ein Franzose. Er hat das Haus aus Sentimentalität vor drei Jahren gekauft, damit seine Kinder die Ferien in der Heimat verbringen können. Seitdem ist seine Familie genau ein Mal für vierzehn Tage in diesem Haus gewesen, an dem allerdings ein paar Arbeitsplätze hängen: jemand kommt wegen der Post, es gibt einen Wärter für den Pool, und alle paar Tage steht der Wagen eines Gartenbaubetriebs vor dem Grundstück. Der Rasen und die Hecken werden geschnitten und das Laub von den Kieswegen gefegt.«

Südfrankreich ist immer noch Zuzugsgebiet. Seit der TGV Frankreichs Hauptstadt mit Avignon, Aix und Marseille verbindet, scheinen die Distanzen kleiner geworden. Viele Ferienhausbesitzer pendeln, manche spielen auch mit den

Gedanken, sich ganz hier niederzulassen. Bei den Vanderbekes ist die Entscheidung längst gefallen. Sie haben nicht vor, nach Deutschland zurückzukehren. Sohn Julian hat in Montpellier auf der Filmhochschule studiert und ist Kameramann. Zusammen mit seinem Vater hat er in St.-Quentin ein Filmstudio gebaut, in dem er selbst arbeiten und das er auch vermieten will. Die Pariser Regisseure lieben den Süden, die Engländer und die Amerikaner auch. Die Familie ist längst Teil der Dorfgemeinschaft, man trifft sich zum *apéritif* und zum *pique-nique* am Fluss, man hat verlässliche Handwerker gefunden und eine Mühle, in der sich die eigenen Oliven innerhalb weniger Stunden und Tage in herrlich aromatisches Öl verwandeln. Oder einfacher gesagt: Man hat seinen Garten bestellt und sieht die Bäume in den Himmel wachsen.

Deutschland scheint weit. Doch Birgit Vanderbeke hat ihre Sprache mitgenommen, eine Nabelschnur, die sich nicht kappen lässt. Mit den Jahren ist an ihrem Schreibtisch in St.-Quentin-la-Poterie eine ganz Reihe wunderbarer Bücher entstanden, Erzählungen, Romane und Essays, aber auch Koch- und Überlebensbücher wie die *Gebrauchsanweisung für Südfrankreich*. In etlichen dieser Bände spiegeln sich die Bilder vom Leben im Süden: das Firmament van Goghs mit seinen grünen Sternen, die Sommernächte mit den Schnecken am Grill und dem Aïoli auf den Tellern, in den Gläsern der Wein aus Nachbars Garten.

»Irgendwann«, heißt es in Birgit Vanderbekes Erzählung *Ich sehe was, was du nicht siehst*, »erinnerte ich mich daran, dass jemand einmal gesagt oder geschrieben hatte ›Leben ist anders‹, aber ich wusste nicht mehr, wer. Jedenfalls fand ich, es stimmte, und ich war sicher, dass ich niemals darüber nachgedacht hätte, wenn ich nicht weggegangen wäre.«

Langsame Wege
um die Montagne Sainte-Victoire
Unterwegs auf den Spuren von Cézanne
und van Gogh

Ach, die Leute,
die hier nicht an die Sonne glauben,
das sind beinahe Gottlose.
Vincent van Gogh

Die Farbe ist der Ort,
wo unser Gehirn und das Weltall sich begegnen.
Paul Cézanne

Da sitzen sie also, auf ihren bunten Klappsesseln: fünfzehn Frauen, über ihre Zeichenblöcke gebeugt, die Gesichter verzückt, die Blicke konzentriert. Sie wandern von ihrem Blatt Richtung Westen, ziehen über ein Tal und bleiben an einem Felsmassiv hängen. Das also ist sie, die Montagne Sainte-Victoire, einer der berühmtesten Berge des Pays d'Aix, weltberühmt. Ein Traum geht in Erfüllung: Die Damen, die ihn von einer Anhöhe oberhalb von Aix-en-Provence aus observieren, sind aus Japan angereist. Sie haben ihren Lehrer mitgebracht, einen älteren Herrn mit dunkler Brille. Er schleicht von Stühlchen zu Stühlchen, deutet ab und zu auf eine Stelle des Blattes, geht weiter. Es ist still, kein Wort zu hören, nur das Klappern der metallenen Büchsen mit den Aquarellfarben. Neben den Campingsesseln liegen Schirme, der Himmel macht keine großen Versprechungen. Den Malerinnen scheint's egal. Sie sind angekommen.

25

Terrain des Peintres heißt der Hügel, auf dem sich die japanischen Hobbykünstlerinnen niedergelassen haben, Terrain der Maler. Früher einmal war es *sein* Platz, einer seiner liebsten: Hier oben, am Chemin des Lauves nördlich der Stadt, hat sich Paul Cézanne regelmäßig mit seiner Staffelei installiert, um die Montagne Sainte-Victoire zu malen: zu allen Tages- und Jahreszeiten, bei Sonne und in Wolken, im Winterlicht und beim Herannahen des Frühlings. Wetterfeste Tafeln säumen heute den Weg auf den höchsten Punkt dieses Ortes: die Bilder des Monsieur Cézanne.

Wer durch Aix-en-Provence flaniert, begegnet Paul Cézanne auf Schritt und Tritt. Über die ganze Innenstadt verstreut sind goldene Plaketten in den Boden eingelassen, die zu den Orten führen, an denen Cézanne gelebt, gegessen, gemalt hat. Eine *route touristique* führt durchs Pays d'Aix und folgt des Malers *sources d'inspiration*, den Quellen seiner Inspiration und den Stationen seines Lebens: vom Jas de Bouffan, dem Haus seiner Eltern, zum Atelier am Chemin des Lauves, vom Pont des Trois Sautets zum Steinbruch von Bibémus und weiter nach Beauregard.

Die meisten Franzosen würden sich wünschen, in Aix-en-Provence zu leben, hat eine Umfrage ergeben. Die Stadt gilt als Inbegriff mediterraner Heiterkeit: mit den Cafés und Brasserien auf dem Cours Mirabeau, den Springbrunnen und engen Gassen der Altstadt, dem Rathaus und den Palästen, mit den Geschäften der Designer, den Ölmanufakturen und Konditoreien. In deren Auslagen werden die berühmten Calissons d'Aix zur Schau gestellt, feines Konfekt aus Mandeln und kandierten Melonen und Orangen. Der Blumenmarkt auf der Place de la Mairie ist ein Meer an Farben und Düften, die Speisekarte in der Brasserie *Les Deux Garçons*, dereinst Treffpunkt von Künstlern wie Émile Zola und Paul Cézanne, eine verlockende Reise: Austern aus der Gegend von Bouzigues, Lammkoteletts aus Sisteron, Tartes mit den

Äpfeln und Pflaumen aus den Gärten vor den Toren der Stadt. Eine der Salatkompositionen ist nach Cézanne benannt: Blattsalate, Tomaten, grüne Bohnen, Gemüse, Rosinen und gebratene Hähnchenstücke, mit einer Currysauce serviert.

Ob ihm das geschmeckt hätte? Paul Cézannes Verhältnis zu seiner Heimatstadt war ambivalent. Bis Ende des 18. Jahrhunderts hatte hier das provenzalische Parlament getagt und für Weltoffenheit und eine gewisse Großzügigkeit gesorgt. Das Aix freilich, in das Cézanne am 19. Januar 1839 hineingeboren wird, ist etwas provinziell geworden. Als Künstler sucht er Kontakte und Anregungen in Paris, malt in den Dörfern an Seine und Oise und in L'Estaque, einem Küstenort unweit von Marseille. Und doch gelingt es ihm nicht, sich von Aix zu trennen, zu sehr hängt er an der Stadt und dem Landstrich am Fuß der Montagne Sainte-Victoire. »Als ich in Aix war, glaubte ich, ich wäre woanders glücklicher«, schreibt er seinem Freund Philippe Solari in einem Brief aus Talloires. »Jetzt, wo ich hier bin, vermisse ich Aix, [...] wenn man dort geboren ist, ist nichts anderes zu machen: man hat keinen Spaß mehr an anderem.«

Und das, obwohl man es ihm in seiner Geburtsstadt nicht leicht macht. Kaum jemand, der ihn als Maler wirklich ernst nimmt, im Gegenteil: Noch 1892, als Cézanne endlich anerkannt ist, rühmt sich der Direktor des Musée Granet, dessen Zeichenschule der angehende Maler dereinst besucht hatte, dafür sorgen zu wollen, dass »kein einziges Werk von Paul Cézanne hier hereinkommt«. Der derartig abgekanzelte Künstler wütet einmal mehr über die »Überheblichkeit der Intellektuellen meiner Heimat, dieses Haufens von Unwissenden, von Kretins und Schelmen«.

Er behält recht: Aix kümmert sich erst zu einem Zeitpunkt um den Ankauf seiner Bilder, da sie längst unerschwinglich geworden sind. Schenkungen und Leihgaben bescheren dem Musée Granet einen kleinen Querschnitt durch Cézannes

Œuvre. Doch die wirklich bedeutenden Gemälde hängen in den großen Museen der Welt.

Ein Kalksandsteingebirge mit einer Ausdehnung von achtzehn Kilometern und Höhen von bis zu tausend Metern. Schon in Frühzeiten galt die Sainte-Victoire als heiliger Berg, hier haben Kelten und Ligurer ihren Göttern geopfert. Mit der Christianisierung der Provence ließen sich Eremiten an den Abhängen des Berges nieder. Später entstanden Wallfahrtsorte und Konvente. Erst im 17. Jahrhundert wurde der heutige Name des Gebirgsstockes gebräuchlich. Er sollte fortan an den Sieg der Römer über die Teutonen erinnern.

Wie ein Findling erhebt sich das Massiv aus der Ebene, zerklüftet und unnahbar. Das Licht wechselt schnell, Wolken jagen um den Gipfel. Für ein paar Momente ist er zu sehen, dann verschwindet er wieder hinter den Schleiern. Ein rätselhafter Berg. Von Renoir, Kandinsky und Picasso gemalt, von Peter Handke und Jean Giono besungen, von ungezählten Wanderern gestürmt. Doch so nahe wie Paul Cézanne scheint ihm niemand gekommen zu sein. Cézanne habe immer wieder dieselbe Landschaft gemalt, diagnostiziert Henri Matisse. »Doch jedes Mal ist sein Gefühl ein anderes.«

Matisse ist nicht der einzige Kollege, der sich vor Paul Cézanne verbeugt. Auch Vincent van Gogh sieht in ihm *den* Maler des Südens. Die Bilder Cézannes, die Bücher Émile Zolas und Alphonse Daudets und die Erzählungen seines Freundes Toulouse-Lautrec bewegen ihn im Februar 1888 dazu, Paris zu verlassen und in Arles einen Neubeginn zu wagen. Kaum ist der Winter vorbei, geht van Gogh auf Motivsuche in der Crau und der Camargue: »Ich habe beim Malen viel unter dem Wind zu leiden, befestige meine Staffelei aber an Pfählen, die ich in den Boden stecke«, berichtet er seinem Bruder, glücklich über seine »Arbeitswut«. Und fast in einem Atemzug:»Es ist zu schön.«

In den vierzehn Monaten seines Aufenthaltes in Arles entstanden fast zweihundert Gemälde, dazu über hundert Zeichnungen und Aquarelle. Van Gogh postiert seine Staffelei vor der Zugbrücke von Langlois, am Strand von Les-Saintes-Maries-de-la-Mer und am Ufer der Rhône. Er begleitet den Sämann auf seinem Weg über die Äcker, er stellt sich Sonnenblumen in eine Vase und beobachtet die Arleserinnen und Arleser, die ihm dann als Modelle dienen werden: der Briefträger Joseph Roulin und dessen Frau Augustine, Madame Ginoux, deren Mann ein Café führt, die Menschen in den nächtlichen Lokalen, die Spaziergänger in Les Alyscamps, einer antiken Nekropole am Rand der Altstadt. Eine Allee läuft auf die Kirche Saint-Honorat zu. Auf beiden Seiten des Weges die römischen Sarkophage. Moos wächst über die Steine, geheimnisvolle Lettern schimmern im Grau und Grün und erzählen von längst versunkenen Zeiten.

Van Gogh ist häufig hier, bei den leeren Gräbern. Und überhaupt: Er ist viel allein. Der 35-Jährige zieht sich immer stärker in sich und seine zweite, unsichtbare Hemisphäre zurück, wie er sie nennt. Mond und Gestirne treiben ihn des Nachts aus dem Haus. Der Himmel in Blau und Schwarz, Bronze und Kupfer, darin die Gestirne in einem grünlichen Azur, fiebrig erhitzt. »Beim Anblick der Sterne verfalle ich immer ins Träumen, genauso einfach, wie die schwarzen Punkte auf der Landkarte, die Städte und Dörfer bedeuten, mich zum Träumen bringen«, beobachtet er. »Warum, frage ich mich, sollten uns die leuchtenden Punkte am Himmelsgewölbe weniger zugänglich sein als die schwarzen Punkte auf der Karte von Frankreich? Wie wir den Zug nehmen, um nach Tarascon oder Rouen zu fahren, so nehmen wir den Tod, um auf einen Stern zu gelangen.«

In der Provence findet van Gogh zu jener Bildsprache, die ihn zu einem der Wegbereiter der Moderne macht. Schon in

Paris, wo der Japonismus en vogue ist, hat er japanische Holzschnitte studiert und gesammelt. In Arles scheint er *sein* Japan gefunden zu haben: in den ausladenden Gärten mit den kleinen Flüssen, Teichen und Tümpeln, in den Reisfeldern der Camargue, wo zartgrüne Schösslinge aus dem Wasser ragen und sich im Wind wiegen. In den Weinbergen treiben die Blätter aus dem dunklen Holz. In van Goghs Bildern tauchen die schwarzen Konturen der Rebstöcke und Bäume auf und erinnern an japanische Holzschnitte, dazu kommt der rasche und doch ruhige Pinselstrich, wie man ihn von asiatischen Meistern zu kennen meint. »Ich beneide die japanischen Künstler wegen ihrer unglaublichen Klarheit«, schreibt van Gogh. »Es ist nie langweilig, und man hat nie den Eindruck, dass sie in Eile arbeiten. Es ist so einfach wie atmen. Sie malen mit ein paar Strichen eine Figur mit derartig unfehlbarer Leichtigkeit, als wäre es so einfach wie das Zuknöpfen einer Jacke.«

Die Einflüsse der japanischen Kunst verbinden sich mit der Erfahrung des südlichen Lichts: Das Leuchten der Sonne bringt das Lodern und Glühen zum Vorschein, das den Landschaften und Dingen innewohnt. Die Strahlkraft der van-Gogh'schen Palette entfernt sich von den Farben der Wirklichkeit und verschafft ihnen damit eine ungeahnte Autonomie: türkisene Straßen, grüne Himmel, Wellen in kräftigem Gelb. In den Selbstporträts spiegeln sich die Töne seiner Seelenlandschaften, in den Kontrasten die Dynamik seiner Wahrnehmung.

Leben und Werk sind eng ineinander verzahnt. Vincent van Gogh ist gehetzt, zerrissen von seinen rastlosen Reisen zwischen »Pol und Äquator«. Schon im Frühjahr 1888 hat er Atelierräume im Gelben Haus auf der Place Lamartine unweit des Zentrums von Arles gemietet: außen gelb, innen weiß getüncht und voller Sonnenlicht, wie er seinem Bruder schreibt. Hier hat er sich auch sein Schlafzimmer eingerichtet: ein Holzbett mit roter Decke, zwei einfache Stühle mit

Strohgeflecht, ein Tisch mit einer Waschschüssel, an den Wänden ein paar Bilder, in einer Ecke die Holzpantinen. Das Lesebuchbild. Das ursprüngliche Gelbe Haus existiert nicht mehr, doch in einem kleinen Gebäude im Schatten der Arena hat man die Kammer nachgestellt – und ist van Gogh damit bis unter die Bettdecke hinterhergekrochen. Einen Stock tiefer verkauft man die Poster des Bildes, dazu Postkarten, Seidentücher, Kugelschreiber mit Sonnenblumen, das berühmte *Selbstporträt mit verbundenem Ohr und Pfeife* auf einem Tischset.

Vincent van Goghs Bilder wurden häufig gefälscht, sein Leben avancierte zum Mythos. Gerade auch jene Wochen, in denen er mit Paul Gauguin im Gelben Haus gewohnt und gearbeitet hat, haben die Fantasie angeregt. Van Gogh hat die Ankunft seines Künstlerkollegen sehr herbeigesehnt, doch als er dann da ist, geraten die beiden immer heftiger aneinander. Der Konflikt eskaliert am Abend des 23. Dezember 1888, als van Gogh seinen Freund verfolgt und ihn auf offener Straße mit einem Rasiermesser zu bedrohen beginnt. Behauptet zumindest Gauguin, der weiterhin zu Protokoll gibt, er habe den Verwirrten in letzter Minute bändigen und von einer Gewalttat abbringen können. Van Gogh kehrt nach Hause zurück, schneidet sich ein Stück seines Ohres ab und gibt dieses seltsame Präsent in einem Bordell ab. Er selbst kehrt in seine Kammer zurück, fällt in Ohnmacht und wird am nächsten Tag von der Polizei ins Hospital von Arles gebracht. Ist es so gewesen – oder doch anders? Vieles bleibt im Dunkeln. Im Mai 1889 lässt sich Vincent van Gogh freiwillig in die Anstalt Saint-Paul-de-Mausole bei Saint-Rémy-de-Provence einweisen. Im Garten und im Kreuzgang blühen die Schwertlilien. Van Gogh hat sie wieder und wieder gemalt, dazu die Olivenbäume, Pinien und Zypressen, die Weizenfelder vor seinem Fenster, die Felsen der Alpilles. Gleichzeitig entstehen Nacht- und Wolkenbilder voller Dramatik. Sein eigener Himmel ist in Aufruhr.

Hat Paul Cézanne die Bilder seines jüngeren Kollegen ge-
schätzt? Gegen Ende seines Lebens sei Cézanne immer ein-
siedlerischer geworden, bezeugen Zeitgenossen. Er kreist
um sich und seine Malerei, umrundet die Montagne Sainte-
Victoire wieder und wieder. Seiner Leidenschaft verdanken
sich über vierzig Ölbilder und fast ebenso viele Aquarelle:
Er hat den Berg von Bellevue aus gemalt, wo seine Schwester und sein Schwager ein Landgut bewohnten, er hat sich
mit seiner Staffelei in der Gegend von Le Tholonet niedergelassen und im Steinbruch von Bibémus am Fuß des Berges. Er war tagelang draußen, in seiner Tasche einen Imbiss,
den Madame Brémont, seine Haushälterin, für ihn vorberei-
tet hatte.

Crespeau aux herbes
Kräuteromelett

Für 6 Personen:
1 mittelgroße Zwiebel oder das Weiße von 1 Stange Lauch
1 Knoblauchzehe
das Grüne von 4 Mangoldblättern
1 Handvoll zarte Sauerampferblätter
8 Eier
1 Prise Cayennepfeffer
100 g geriebener Käse
2 El Olivenöl
Pfeffer und Salz

Die Zwiebeln schälen oder den Lauch putzen und grob hacken.
Den Knoblauch schälen und hacken. Die Blattgemüse putzen,
waschen, gut abtrocknen und in feine Streifen schneiden.
In einer großen Bratpfanne 1 El Öl bei mittlerer Temperatur erhitzen und den Lauch oder die Zwiebel hineingeben. Umrühren,

bis das Ganze Farbe annimmt, dann die Blattgemüse und den Knoblauch zugeben. Die Temperatur herunterschalten. Das Ganze kurz schmoren lassen und mit etwas Salz und Pfeffer würzen.

Die Eier mit 2 El kaltem Wasser und Cayennepfeffer aufschlagen. Den Pfanneninhalt in ein vorgewärmtes Gefäß geben. Den restlichen El Öl in die Pfanne geben und bei hoher Temperatur erhitzen. Den Backofen auf 180° C vorheizen und einen Teller darin warm stellen.

Die verquirlten Eier in einem Mal in die Pfanne gießen und zu einer dünnen Schicht stocken lassen. Das geschmorte Gemüse darüber verteilen, mit dem geriebenen Käse bestreuen; die Hitze herunterschalten und dann mit einem Holzlöffel umrühren. Das Omelett einige Minuten lang schön aufgehen lassen.

Den Teller aus dem Ofen nehmen, über die Pfanne legen und das Omelett auf den Teller stürzen. Das Omelett mit der rohen Seite nach unten wieder in die Pfanne gleiten lassen und auch von dieser Seite braten. Eventuell noch etwas Olivenöl in die Pfanne geben. Das Omelett zugedeckt weitere 5 Minuten garen, dann das Ganze in den Backofen stellen, damit es aufgehen kann. Das Omelett wird, mit gutem Rotweinessig beträufelt, heiß gegessen. Aber auch kalt, in Scheiben geschnitten, schmeckt es vorzüglich.

»Welcher Schwung, welcher gebieterische Durst nach Sonne und welche Melancholie am Abend, wenn diese ganze Schwere sich darauf senkt.« Paul Cézanne über die Montagne Sainte-Victoire. Eine letzte Serie von Bildern des Bergs entsteht in den Jahren von 1902 bis 1906. Cézanne hat ein Grundstück am Chemin des Lauves erworben und lässt sich dort ein einstöckiges Haus bauen, mit Wohnräumen im Erdgeschoss und einem großzügigen Atelier im ersten Stock. Zwei Fenster öffnen sich südwärts zur Stadt, ein weiteres, besonders großes in Richtung Norden. Den Garten mit seinem alten Baumbestand, mit Lorbeer, Flieder, Kirsch-, Feigen- und Ölbäumen, lässt er von einem Gärtner, Monsieur Vallier, und dessen Gehilfen bestellen.

Wo heute die Cézanne-Pilger durch Garten und Atelier des Meisters ziehen und dem Alltag des Malers auf die Spur zu kommen trachten, herrschte zu Beginn des vergangenen Jahrhunderts viel Ruhe. Das Haus lag in unverbautem Gebiet. Vor allem aber ließ sich von hier aus ein ganz besonderer Aussichtsplatz am Chemin des Lauves erreichen, mit Blick auf ein Tal voller Felder, Bäume und Häuser, voller Straßen und Wege. Etliche von ihnen führen auf die Sainte-Victoire zu. »Ich arbeite hartnäckig, ich sehe das Gelobte Land vor mir. Wird es mir ergehen wie dem großen Führer der Hebräer, oder werde ich es betreten können?«, fragt er sich am 1. September 1903 in einem Brief an den Kunsthändler Ambroise Vollard.

Dass sein Werk aus der Zeit fällt, weiß Paul Cézanne nur zu gut. Er hat den Impressionismus überwunden und zu seinem eigenen Stil gefunden. Aus einer Vielzahl farbiger Flecken wachsen Landschaften und Figuren heraus, aus den Modulationen der Farbtöne, den Linien, die zu Felsen, Bäumen und Häusern zusammenfinden. Die Arbeit des Sehens, jenseits des Wissens um die Dinge, wird zum Wesen seiner Malweise, die weiter in die Moderne hineingreift als die Bilder der meisten anderen Künstler seiner Zeit.

Auch den 15. Oktober 1906 hat Cézanne in seinem Atelier und am Aussichtspunkt am Chemin des Lauves verbracht, froh, die Hitze des Sommers hinter sich zu haben. Doch es bleibt schwül, heftige Regenschauer überraschen ihn. Cézanne, gebrechlich und alt, schafft es nicht mehr rechtzeitig, das schützende Dach seines Ateliers zu erreichen. Er bricht am Straßenrand zusammen, bleibt über Stunden in Nässe und Wind liegen. Zwei Fuhrleute erkennen ihn und bringen ihn in seine Wohnung in der Rue Boulegon. Nichts Dramatisches, beruhigt der herbeigerufene Arzt. Er empfiehlt Bettruhe. Doch Cézanne ist nicht zu halten. Schon am folgenden Morgen macht er sich wieder auf den Weg ins Atelier. Dort arbeitet er am Bildnis seines Gärtners. Als er an jenem Abend nach Hause zurückkehrt, fühlt er sich wirklich krank.

»Monsieur!«, setzt Paul Cézanne am 17. Oktober zu einem aufgebrachten Brief an seinen Farbenhändler an. »Es sind nun schon acht Tage vergangen, seit ich Sie um zehn Tuben gebrannten Lack gebeten habe, und ich erhielt noch keine Antwort. Was geht denn da vor? Eine Antwort bitte, und zwar schleunigst!« Eigentlich möchte er auch nun wieder in sein Atelier. Diesmal schafft er es nicht. Der Schwächeanfall hat sich zu einer Rippenfell- und Lungenentzündung ausgewachsen, Cézanne kann das Bett nicht mehr verlassen. Sein in Paris lebender Sohn wird angewiesen, unverzüglich nach Hause zu reisen, um nach seinem Vater zu sehen. Doch er kommt zu spät. Paul Cézanne stirbt am 22. Oktober 1906.

Ein Porträt seines Gärtners und eine Ansicht der Montagne Sainte-Victoire: Cézannes letzte Bilder. »Die Farbe«, so sein Credo, »ist der Ort, an dem unser Gehirn und das Weltall sich begegnen.« Paul Cézanne legt Fährten. Finden freilich muss man diesen Ort ganz alleine.

Sterne mit Schatten
Ein widerständiger Landstrich:
Das Vaucluse

Ein Schild warnt. Man solle sich bloß nicht zu weit hinaus-
wagen. Steinschlag droht, der Boden ist glitschig, die Ab-
sturzgefahr beträchtlich. Und doch klettern viele nach oben.
Der Blick ist imponierend. Eine steile Felswand wächst him-
melwärts, an ihrem Fuß öffnet sich ein finsterer Schlund.
Ein Rauschen ist zu hören, ein Branden. Aus dem Inneren
des Berges schießt das Wasser nach draußen und sammelt
sich zu einem See. Es kommt vom Ventoux, den Monts de
Vaucluse, ist im Karst versickert und durch ungezählte
Gänge, Hohlräume und Kammern bis zu einer Höhle ge-
strömt. Ein wütendes Toben, dann preschen weiße Fluten
aus dem Stein.
Die Quelle der Sorgue bei Fontaine-de-Vaucluse ist ein
rätselhafter Ort. Türkisblaues Wasser in einem felsigen Becken. Ein Bach springt übers Ufer und sucht sich seinen
Weg durchs Tal. Die Gischt sprüht, das Moos am Ufer glitzert unter den Tropfen. Wirklich eindrucksvoll wird das
Spektakel im Frühjahr, zur Zeit der Schneeschmelze und des
heftigen Regens. Da scheint der Berg zu explodieren. Bis zu
hundertfünfzig Kubikmeter Wasser schießen jede Sekunde
nach oben, die Sorgue lässt sich kaum bändigen. Ein paar
Tage lang zeigt sie, was sie kann. Um sich dann wieder in
ihr Bett zurückzuziehen und gemächlich südwärts zu ziehen.
Ein paar Kilometer weiter, im Städtchen L'Isle-sur-la-Sorgue, scheint der Fluss gezähmt. Träge wälzt er sich durch
die Kanäle, Wehre und Schleusen, sammelt sich in kleinen

Buchten und streift die Wasserräder. Sie stehen schon lange still. Algen kriechen über die Gestänge, fressen sich in Holz und Rost. Schilf und Lianen hängen im Gewässer, dicke Wolken in Grün und Schwarz biegen sich in der Strömung. Früher einmal haben hier die Angler gewohnt, auf einer Insel mitten im Sumpf. Kanäle legten das Land trocken, eine Stadt wuchs aus dem Morast, das Venedig des Comtat Venaissin. Man lebte mit dem Fluss. Schon im Mittelalter befestigte man die Ufer, um dort Korn-, Öl- und Papiermühlen, Gerbereien und Spinnereien für Wolle und Seide zu bauen. Ihnen verdankte die Stadt ihren Wohlstand. Doch das ist lange her. Die Mühlen und Fabriken sind längst geschlossen, in die alten Lagerhallen sind die Antiquitätenhändler eingezogen. Hier ist alles zu erstehen, was Besitzer eines Schlosses, *mas* oder Landgutes brauchen könnten: Fayencen, Kommoden und Bilder, alte Kacheln, Lüster und eiserne Sessel für Gärten und Terrassen. Vor den Toren der Stadt riesige Areale mit den Überresten wertvoller Abbruchobjekte aller Epochen: Renaissance-Portale und gotische Fensterrahmen aus Sandstein und Granit, Kamine aus Marmor, Bodenplatten, Statuen und Brunnenschächte. Sie warten auf ein neues Zuhause.

L'Isle-sur-la-Sorgue ist das Mekka für alle, die sich *mit* und *in* der Vergangenheit einrichten. Die Schätze der Antiquitätenhändler sind berühmt, die Expertisen verlässlich. Kreditkarten werden gerne genommen. Sonntags kommen die Trödler mit ihren Tischen, Campingstühlen und Sonnenschirmen. Die Kais der Sorgue werden zum Basar, mit Waren aller Art. Unweit des *Bistro de l'Industrie* die Gerüche des Orients, dicke Bündel mit Pfefferminze und Koriander, Gewürze in den Farben einer Malpalette. Ein Stück weiter die fliegenden Händler mit ihren Kostbarkeiten: alte Vasen, zerbeulte Zinnteller und Glaskaraffen, zerfledderte Bücher und Mäntel aus den fünfziger Jahren. Zwischen allerlei Krimskrams ein Holzschuh. Dicke Sohle, aus Holz gedrechselt, zwei gewebte Stoffstücke, mit feinen Nägeln an der Sohle befestigt. Das Gewebe ist brüchig geworden, die Farben sind verblasst. Kein Schuh für alle Tage. Er ist alt, das sieht man. Wie alt könnte er sein? Fünfzig Jahre, eher etwas mehr, hört man. Er stammt aus jenen Tagen, da auch in der Provence der Alltag immer schwieriger wurde, aus den Jahren des Vichy-Regimes und der späteren deutschen Besatzung.

Das Vaucluse, das kleinste der vier Départements der Provence. Hier schlägt ihr Herz besonders laut: auf den Marktplätzen von Apt oder Cavaillon, in der Synagoge von Carpentras mit seinem kunstvoll gestalteten Interieur aus dem Rokoko, in der Burgruine von Lacoste, wo der Marquis de Sade seine Orgien gefeiert hat, im romanischen Baptisterium von Venasque, wenn die Sonnenstrahlen einfallen und den Kirchenraum in ein wundersam-fremdes Licht tauchen. Felder mit Melonen, Artischocken und Auberginen, Obstbäume, die sich unter dem Gewicht der Kirschen und Pfirsiche biegen, Bienenstöcke und üppig blühende Rosen neben den Weingärten und Bories: Hütten mit Kuppeldächern, aus trockenen Steinplatten geschichtet.

Wo sich die Macchia ausdehnt, *le maquis*, zeigt die Gegend den Charme spröder Schönheit. Kreuzdorn, Mastix und Stechginster wuchern, die weißen Blüten von Myrten und Zistrosen schimmern aus dem Dickicht. Undurchdringliches Gebüsch reicht bis an die Felsen heran. Hier liegen Schlupfwinkel und Verstecke, hier muss man sich auskennen, um zu überleben. *Les maquisards* nannten sich Frankreichs Widerstandskämpfer. Schon das Vichy-Regime, das eilfertig mit den Nazis kollaborierte und sich deren Direktiven fügte, zog den Unmut und die Empörung vieler Franzosen auf sich. Als Hitlers Truppen am 11. November 1942 auch die Südhälfte Frankreichs besetzten, dort den Arbeitsdienst einführten und das Land mit Repressionen peinigten,

fanden sich immer mehr Menschen in der Résistance zusammen.

Zu jenem Zeitpunkt hatte sich René Char längst entschie-
den, die Feder gegen die Flinte zu tauschen. Der 1907 in
L'Isle-sur-la-Sorgue geborene Dichter gilt heute als einer
der bedeutendsten Lyriker des 20. Jahrhunderts, der einzige
Autor der Grande Nation, dessen Gesamtwerk schon zu
Lebzeiten in die ehrwürdige »Bibliothèque de la Pléiade«
aufgenommen wurde.

Vor allem zu Zeiten des Widerstands hat René Char die
Kunst des aufrechten Gangs geübt und weitergegeben. Der
Dichter dürfe von der Wahrheit nicht nur erzählen, er müsse
sie leben, so sein Credo. Die zahnlosen Gedichte vieler Kollegen, die von ihren Schreibtischen aus gegen den Faschis-
mus wettern und dabei die Freiheit in großen Worten beschwören, sind ihm zu wenig. Char zieht in den Kampf. Auf
der Flucht vor der Polizei des Vichy-Regimes, die ihn als
Kommunisten (der er nie war) internieren will, landet er in
Céreste, einem Nest zwischen Apt und Forcalquier. Dort
befehligt er als *Capitaine Alexandre* den Widerstand in der
Region Durance-Sud. Zusammen mit seinen Mitstreitern
organisiert er Wegsicherungen und bewaffnete Befreiungs-
aktionen und sorgt dafür, dass das mit Fallschirmen abge-
worfene Material in Waffendepots versteckt und von dort
aus verteilt wird. Er sieht, wie man Gefährten und Freunde
verhaftet und umbringt – und kommt selbst davon: Er kann
sich in letzter Sekunde vor einer explodierenden Handgra-
nate in Sicherheit bringen, indem er acht Meter in die Tiefe
springt. Dabei verletzt er sich schwer und leidet zeitlebens
unter den Schmerzen, die von diesem Unfall herrühren. Im
Juli 1944 bringt man Char nach Algier, wo er den Amerika-
nern und Engländern bei der strategischen Vorbereitung
der Invasion helfen soll. Am 15. August landen die Alliierten
in der Provence, wenige Tage später ist Paris befreit.

»Widerstandskämpfer der ersten Stunde. Hat an vielen gefährlichen Aktionen mit klarsichtigem Mut teilgenommen. Schwer verwundet am 15. Juni 1944, hat er weiter seine Pflicht getan in beständiger, stiller Unerschrockenheit.« Worte der Anerkennung von General de Gaulle, der René Char das *Croix de Guerre* verleiht. Doch dem Geehrten bedeuten solche Sätze nichts, er lehnt weitere Auszeichnungen und politische Ämter ab. Char ist einer der wenigen Autoren, die die Zeit der Résistance nicht besungen haben. In den Jahren der Okkupation Frankreichs hat er wenig geschrieben und ganz bewusst nichts veröffentlicht. »Die Quelle ist Stein, die Zunge abgeschnitten.«

Allein seine *Feuillets d'Hypnos* begleiten ihn, die *Aufzeichnungen aus dem Maquis 1943–1944*, wie der schmale Band im Untertitel heißt: Notizen aus jener Lebensphase, da er von Céreste aus den Widerstand dirigierte. Was er im *Hypnos* zu Papier bringt, entzieht sich allen literarischen Genres: kurze Sätze, die Schmerz und Erschöpfung spiegeln, Szenen aus dem Alltag des Kampfes, poetische Reflexionen seines Tuns. »Wir sind wie die Kröten in der rauen Nacht der Sümpfe: sie rufen einander, ohne einander zu sehen, und das ganze Verhängnis des Alls beugt sich ihrem Liebesschrei. [...] Bei jedem gemeinsamen Mahl bitten wir die Freiheit an unseren Tisch. Der Platz bleibt leer, aber das Gedeck liegt bereit.« Nachrichten aus einer zerrissenen Welt. Als Char nach Nordafrika abberufen wird, versteckt er die losen Blätter in den Kellermauern eines alten Hauses, wo er sie nach der Befreiung Frankreichs unversehrt wiederfindet und leicht überarbeitet. Er lernt Albert Camus kennen und vertraut ihm seinen *Hypnos* an. Wenig später erscheint der Band bei Gallimard, wo Camus als Lektor arbeitet: *Hypnos* gilt seither als wichtigstes Zeugnis der Literatur der Résistance. Auch Albert Camus, sechs Jahre jünger als Char, war im Widerstand, zuerst als Mitarbeiter, später Chefredakteur der Untergrundzeitschrift *Le Combat*. Doch wirklich anerkennen kann er nur jene Dichter, die selbst zu den Waffen gegriffen haben. »Bewundern und verehren«, gesteht er René Char in einem seiner ersten Briefe, »ist immer eine meiner Freuden gewesen, und als Erwachsener glaubte ich das nicht mehr zu können – bis ich Sie traf.«

Zwischen René Char und Albert Camus entsteht eine von Hochachtung und auch leichter Distanz getragene Freundschaft. Über Jahre hinweg tauschen sich die beiden über Literatur und Politik aus. Man begegnet sich auch privat. Char lädt Camus nach L'Isle-sur-la-Sorgue ein und findet ein Ferienhaus für ihn und seine Familie. Auf einem Foto aus den späten vierziger Jahren sieht man die beiden stehen: zwei mittelalte Herren in kurzen Hosen. Char lässig mit einer Zigarette im Mundwinkel, die braun gebrannten Beine in Espadrillos. Camus ganz in Weiß, einen Strohhut in der Hand, helle Socken in braunen Schuhen. Sommer auf dem Lande. »Beim Anblick der Bergzüge des Luberon, der Alpilles und des Ventoux, die die Ebene von L'Isle-sur-la-Sorgue umgeben, sah ich in Camus' Augen, in ihrem strahlenden Leuchten, dass er hier einem Land und Menschen unter Zwillingssonnen begegnete«, erinnert sich Char, »einem Land, das mit mehr Grün, mehr Farbe und mehr Feuchtigkeit die Landschaften Algeriens fortsetzte, denen er so verbunden war.«

Im Oktober 1957 bekommt Albert Camus den Nobelpreis zugesprochen. Mit dem Geld kauft er ein Haus in Lourmarin, einem Dorf im südlichen Luberon, eine knappe Autostunde von L'Isle-sur-la-Sorgue entfernt. »Unaufhörliches Licht«, notiert er in seinem Tagebuch. »In dem leeren Haus, ohne ein einziges Möbelstück, stehe ich lange Stunden da und schaue zu, wie die dürren und trockenen Blätter des wilden Weins, von dem wütenden Wind getrieben, in die Zimmer eindringen.« In Paris hat Camus eine Wohnung in jenem Haus in der Rue de Chanaleilles gemietet, in dem auch Char lebt, wenn er nicht in der Provence ist. Lourmarin aber wird zu seiner inneren Heimat.

Der Luberon sei eine einzige Touristenfalle, mäkeln die einen: ein Stück Provence mit glatter Fassade. Gar nicht wahr, kontern die anderen. Schönere Orte wie Oppède-le-Vieux, Gordes oder Roussillon könne man sich nicht denken, von den Landschaften gar nicht zu reden: Weinberge, Olivenhaine und Zedernwälder, Canyons und schmale Pfade durch wildes Gebirge, Einsiedeleien, Klöster und Kapellen. Die Zahl der guten Restaurants wächst ebenso schnell wie die der aufwendig renovierten, bis ins Detail durchgestylten Miet- und Kaufobjekte. Makler machen satte Geschäfte, ein Gutteil der Häuser und Liegenschaften ist seit Jahren in den Händen von Engländern, Schweizern oder Deutschen. Seit auch noch Ridley Scott mit seiner Filmcrew im Luberon eingebrochen und die Gegend von Bonnieux und Gordes in Zelluloid verewigt hat – *Ein gutes Jahr* heißt die Verfilmung eines munter dahinplätschernden Unterhaltungsromans von Peter Mayle –, scheint es mit der Ruhe ganz vorbei. Die Karawane möge endlich weiterziehen, wünschen sich viele. Doch dafür gefällt es ihr im Luberon noch viel zu gut. Wen wundert's?

Auch Lourmarin gehört zu jenen Flecken, die die Liste der malerischen provenzalischen Dorfschönheiten anführen könnte. Enge Gassen, gesäumt von einfachen Häusern und wehrhaften Palästen, Geschäfte mit feinster Leinenwäsche, mit Porzellan, Töpferwaren und Kunstgewerbe verschiedenster Provenienz. Freitags ist Markt. Die Verkaufsstände mit Käse und Würsten sind ein Versprechen. Bienen umschwirren die Gläser mit Akazien- und Lavendelhonig, frisch geschlachtete Wachteln und Enten warten auf Knoblauch, Thymian und Lorbeer.

Canette laquée au miel de lavande
Entenbrustfilets in Lavendelhonig

Für 4 Personen:
2 junge Enten
Lavendelhonig
1 Möhre
1 Zwiebel
1 Stange Staudensellerie
1 Bouquet garni: Thymian, Lorbeer, Rosmarin
1 Tl Butter
Salz und Pfeffer

Die jungen Enten entbeinen und die Brustfilets auslösen. Die Hautseite der Brustfilets mit Honig bestreichen.

Aus den Knochen, dem Gemüse und den Kräutern einen Geflügelfond zubereiten und auf niederer Temperatur 90 Minuten kochen lassen. Salzen und pfeffern.

Den Backofen auf 190° C vorheizen. Die Hautseite der Brustfilets ohne Fett in einer Pfanne goldgelb karamellisieren, 5 Minuten im heißen Ofen braten, dann 10 Minuten ruhen lassen.

Die Brustfilets aus der Pfanne nehmen und im Ofen warm stellen. Den Bratensaft mit dem Geflügelfond ablöschen und reduzieren, dann die Butter unterrühren. Die Entenbrust auf vorgewärmten Tellern anrichten, die Sauce darübergießen und sofort servieren.

Dazu passen Kartoffeln oder geschmorte Tomaten und Paprika.

Der Freitag ist aber auch der Tag des Aïoli, zu sehen auf den Schiefertafeln der Lokale von Lourmarin. Ein Fastengericht hat sich zum Festessen gemausert: Stockfisch, Schnecken und Kartoffeln, dazu gekochtes Gemüse wie Artischocken,

Möhren, Bohnen und Fenchel und harte Eier. Das Ganze serviert mit dem berühmten Aïoli, einer Mayonnaise mit Knoblauch.

Aïoli
Knoblauchmayonnaise

10 Knoblauchzehen
¼ Tl feines Meersalz
2 Eigelb
250 ml Olivenöl
2 Tl Zitronensaft
schwarzer Pfeffer

Alle Zutaten auf Zimmertemperatur bringen. Den Knoblauch schälen, mit dem Salz zerstoßen und mit dem Eigelb gründlich verrühren.
Unter ständigem Rühren in einem dünnen Strahl das Olivenöl hinzufügen. Wenn etwa die Hälfte des Öls eingerührt wurde, ist die Paste bereits emulgiert. Daher kann man das restliche Öl – unter ständigem Rühren – etwas schneller zugießen.
Abschließend den Zitronensaft unterrühren und die Mayonnaise mit Pfeffer abschmecken.

Eine der kleineren Straßen in Lourmarin ist nach Albert Camus benannt. Hier hat er auch den Jahreswechsel 1959/1960 verbracht. Wenige Tage später, am 4. Januar 1960, kommt er bei einem Autounfall ums Leben. In seiner Aktentasche findet man das Manuskript seines Romans *Le Premier Homme*, an dem er bis zuletzt gearbeitet hat. Auf seinem Schreibtisch liegt ein Band mit Chars Gedichten, *Das Wort als Inselgruppe*. Darin aufgeschlagen das Gedicht »Die erhobene Sense«. Eine Vorahnung?

René Char ist unter den Trauergästen, als sein Freund in Lourmarin beigesetzt wird. Das poetische Zwiegespräch bricht ab, die Gedichte, die davon erzählen, bleiben. »Aus diesen alten Rädern der verlassenen Mühle knüpft der Fluss einen Knoten aus dunklen Tauen, Lichtfallen, Gedichten.« Albert Camus. Fast wie eine Antwort, René Char. »Fluss der Ehrfurcht vor Träumen, Wellen, die das Eisen zernagen./Wo die Sterne den Schatten haben, den sie dem Meere versagen./Fluss überlieferter Kräfte und des Schreis auf schmaler Flut,/Des Orkans, der die Rebe zerrt und verspricht: der Wein wird gut./Fluss, dem die kerkerverrückte Welt nie das Herz brechen konnte,/Wild lass uns bleiben und freundlich den Bienen der Horizonte.«

Worte, ins Wasser geschrieben. Sie verschwinden mit den Wellen und tauchen wieder auf. »Der Dichter muss Spuren hinterlassen von seinem Vorbeigehen, keine Beweise«, so René Char. »Nur die Spuren verleiten zum Träumen.«

Ganze Tage in den Bäumen
Alain Farnoux lebt mit seinen Oliven

Vier oder fünf über Hundertjährige hat's in Mirabel-aux-Baronnies bis vor Kurzem noch gegeben: eine der Damen ist 107 geworden, eine andere, ehemalige Krankenschwester, 105, und der frühere Bürgermeister, der ist erst in seinem hundertsten Jahr gestorben. Und überhaupt: Alain Farnoux holt weiter aus. »Leute wie mich, die zwischen 80 und 100 Jahre alt sind, die gibt's bei uns an jeder Ecke.« Etwa neunzig Personen müssten es sein, schätzt er. Neunzig Menschen über achtzig in einer Gemeinde von etwas über tausenddreihundert Einwohnern. Und alle noch gut drauf. Weil sie zeitlebens mit und vom Olivenöl gelebt haben. Das sei das Geheimnis. Alain Farnoux schmunzelt: *L'huile d'olive, ça conserve.* Das Olivenöl, das konserviere einen.

So einfach geht das also, wenn man in Mirabel-aux-Baronnies zu Hause ist, einem verschlafenen Dorf nicht weit von Nyons, im Süden der Drôme Provençale. Die Rue de la République zieht den Hügel hinauf, die Häuser drücken sich an den Felsen. Das Dorf liegt auf einem Plateau, enge Gassen rund um die Kirche St. Julien und die beiden Dorfbrunnen. Kleine Fontänen plätschern aus den Mündern der verwitterten Steinfiguren, ein paar Schritte weiter tun Fischmäuler ihren Dienst. Die Sprache des Wassers, ein Murmeln, Flüstern und Gluckern, ein Lachen. Korbstühle und Sonnenschirme vor der *Bar des Amis* auf der Place Fontaine. Am Tresen eine zerlesene Zeitung, *La Provence.* Die Welt scheint weit weg. Beim Bäcker duftet es nach *fougasse*, die Brote sind gerade erst aus dem Ofen gekommen: Fladen aus Hefeteig, in die Sardellen oder Entengrammen mit eingebacken sind. Oder mit Oliven, so mag man sie hier am liebsten.

Ganz Mirabel-aux-Baronnies hängt am Öl, an den *Tanches*, um genau zu sein, den schwarzen Oliven. Seit 1994 schmücken sich die Früchte mit der begehrten AOC, der *Appellation d'Origine Contrôlée*, einem Gütesiegel erster Klasse. Als ob die Vitalität der Menschen nicht schon für sich spräche. Alain Farnoux sieht aus wie Ende sechzig, vielleicht Anfang siebzig. Sehr viel jünger jedenfalls als die Mühle, die er in Mirabel-aux-Baronnies betreibt, in einem Steinhaus mit blauen Fensterläden. Vor dem mächtigen Portal zwei Olivenbäume, über dem Eingang ein handgemaltes Schild: *Le Vieux Moulin – Olives, Huile d'Olives – Farnoux*. Im Inneren ein gemauertes Gewölbe ohne Fenster, entlang den Wänden die Gerätschaften des Müllers: das Becken mit den granitenen Mühlsteinen, die Presse, die Zentrifuge.

Die Vieux Moulin ist die älteste Mühle weithin und seit mehr als fünfhundert Jahren in Familienbesitz. Allein um 1900 blieb sie für einige Zeit geschlossen, weiß Alain Farnoux. Nach dem Tod des Urgroßvaters wurde der Besitz aufgeteilt und veräußert. Er selbst kaufte 1955 Land und Mühle von einem Cousin zurück und stürzte sich ins Dasein als Müller. Wie nah dessen Freud und Leid beisammenliegen, musste er damals schnell erfahren.

Alain Farnoux hat den Betrieb gerade erst zum Laufen gebracht, als im Februar 1956 eine Kaltfront aus Osteuropa über Frankreich zieht. Harscher Frost legt sich übers Land. In einer Nacht fällt das Thermometer innerhalb weniger Stunden um zwanzig Grad. Arktische Temperaturen, die den Olivenbaum zu einem Zeitpunkt treffen, da er begonnen hat, sich auf den Frühling und das Austreiben vorzubereiten. Seine Säfte sind eben erst aufgestiegen, nun lässt die außergewöhnliche Kälte Stämme und Äste zerbersten. Sechs Millionen Olivenbäume werden schwer beschädigt, eine Million davon vollends zerstört, so die Bilanz des Unglücks.

Tausende Tonnen abgestorbenen Holzes werden in Öfen und Kaminen verfeuert.

Für die Provence wird der große Frost des Jahres 1956 zum Trauma. Viele Mühlen schließen ihre Tore, die abgestorbenen Bäume bleiben wie Mahnmale in der Landschaft stehen. Männer seien weinend vor den Kadavern gestanden, erzählt man sich. Der Landstrich scheint verwundet.

Doch Alain Farnoux krempelt die Ärmel hoch. Er denkt nicht daran, seine Pläne aufzugeben. Die Mühle muss es auch weiterhin geben, dafür kämpft er. Die Bäume erholen sich langsam, die neuen Pflanzen wachsen gut an. Es dauert Jahre, bis die Region zu ihrem früheren Selbstbewusstsein zurückgefunden hat. Heute gelten die Öle der Provence als die besten Frankreichs. Die *tanches*, die in der Gegend von Nyons angebaut werden, sind als besonders widerstandsfähige, frostsichere Sorte bekannt. Im Pays d'Aix gedeihen die *picholines*, im Vallée des Baux sind es die *salonenques*, *beruguettes*, *grossanes* und *verdales*. Die Namen von Produzenten und Mühlen werden wie Geheimtipps von Mund zu Mund getragen, Verkostungen sind Volksfeste. Auf großen Tischen stellt man seine Schätze zur Schau, Keramikschalen voller Oliven: mit Fenchel, Chili oder Kräutern gewürzt, mit Anchovis, Paprika oder Zitronenstückchen gefüllt. In den Gläsern die *tapenades* und *pistous*, in den Flaschen das Öl. Daneben Unmengen von Brot. In der Verkostung kann man sich verlieren.

Tapenade
Olivenpaste

6 Knoblauchzehen
50 g Kapern
10 Anchovisfilets in Öl
200 g entsteinte schwarze Oliven
1 gestrichener Tl fein gehackter frischer Thymian
1 gestrichener Tl fein gehacktes Bohnenkraut
Saft von ½ Zitrone
Pfeffer aus der Mühle
Olivenöl

Die Knoblauchzehen schälen, die Keime entfernen und den
Knoblauch fein hacken. Die Kapern gründlich abspülen und
trocknen. Die Anchovisfilets abtupfen und klein schneiden.
Diese Zutaten gemeinsam mit den Oliven, dem Thymian und
dem Bohnenkraut in einen Mixer geben, den Zitronensaft dazugeben und pürieren. Mit Pfeffer abschmecken und dann in dünnem Strahl so viel Olivenöl untermischen, dass man eine dicke,
streichfähige Paste erhält.
Tapenade wird auf gerösteten Brotscheiben zum Aperitif ge-
reicht, eignet sich in kleinen Mengen aber auch vorzüglich zum
Würzen von Gerichten.

Pistou
Basilikumpaste

6 Knoblauchzehen
Meersalz, schwarzer Pfeffer
2 Bund Basilikum
100 g frisch geriebener Parmesan
50 ml Olivenöl

Knoblauchzehen schälen und fein hacken, in einen Mörser geben, eine Prise Salz darüberstreuen und zerstoßen. Das Basilikum in feine Streifen schneiden, dazugeben und mit dem Knoblauch zu einer gleichmäßigen Masse verrühren. Den Parmesan zufügen, leicht pfeffern und gründlich unterrühren. Zunächst das Olivenöl tropfenweise unter ständigem Rühren zugeben, dann in dünnem Strahl und weiterrühren, bis man eine homogene Paste erhält.

Pistou, der Zwillingsbruder des italienischen *pesto*, wird in der Provence zwar auch zum Würzen von Fisch oder Lamm benutzt, findet aber vor allem als Würze einer auf weißen Bohnen basierenden Gemüsesuppe Verwendung.

Auch in der Vieux Moulin von Monsieur Farnoux stehen die Gläser in den Regalen, mit *tapenades, crème d'ail, tomates séchées à l'huile d'olive.* Daneben Flaschen und Kanister in allen Größen: sein ganzer Stolz, das eigene Öl, der Lohn von vieler Hände Arbeit. Bis zu zehn Jahre kann es dauern, ehe ein Ölbaum Früchte trägt, beste Ernten erreicht man nach dreißig bis fünfunddreißig Jahren. Nach etwa fünfundsiebzig Jahren landen viele Bäume im Feuer. Oder im Elysium. Den Olivenbaum, so will es die Sage, würde es ohne den Machtkampf zweier griechischer Gottheiten nicht geben. Als sich Athene und Poseidon um die Vorherrschaft in

Attika rauften, suchte Zeus den Streit zu schlichten und stellte den beiden eine Aufgabe: Wer etwas Unvergängliches zum Nutzen des attischen Volkes erschaffen würde, der dürfe dort auch regieren. Athene ist klüger als ihr Kontrahent: Sie pflanzt einen jungen Olivenbaum, der den Menschen fortan Früchte und Öl beschert und damit ewiges Leben.

Athenes mit Olivenzweigen geschmücktes Haupt zierte die berühmten attischen Tetradrachmen, die zur wichtigsten Währung in der antiken Welt avancierten. Sie gelangten vom Peloponnes bis in die Provence. Er selbst könne das bezeugen, versichert Alain Farnoux. Er habe eines Tages Münzen im Boden seiner Mühle entdeckt und einige davon in Paris untersuchen lassen. Und siehe da: Die Geldstücke stammten tatsächlich von den Griechen, die um 600 v. Chr. von ihrem Handelsstützpunkt Marseille aus das Hinterland erkundeten und dabei auch in den Norden der Provence vorstießen. Sie begannen, den damals wild wachsenden Olivenbaum zu kultivieren und Mühlen zu bauen: In Massalia, wie Marseille damals hieß, fand man Zeugnisse antiker Ölgewinnung.

Mit den Römern wurden nicht nur die Olivenhaine größer. Die Regionen gelangten in den Wirkungskreis ihrer Kultur und Lebensweise. Von den Griechen im Kampf gegen die Kelten zu Hilfe gerufen, witterte Rom seine Chance: Man suchte den Landweg nach Spanien zu befestigen, ein Bollwerk gegen die germanischen Völker des Nordens zu schaffen und hier die Provincia Gallia Narbonensis entstehen zu lassen – der die Provence ihren Namen verdankt. Gleichzeitig liebäugelte Rom damit, von seinem neuen Stützpunkt aus Gallien zu erobern. Die Pax Augusta bescherte dem Land eine Blüte: Straßen und Brücken wurden gebaut, Städte wie Aix, Nîmes und Orange wuchsen und ließen immer neue Baudenkmäler entstehen. Ein technisch raffiniertes Bewässerungssystem versorgte Menschen und Natur mit Wasser, sodass auch die Landwirtschaft auf fruchtbarem

Boden wurzelte. Die Provincia Gallia Narbonensis avancierte zu Roms Aushängeschild gelungener Kolonialisierung.

Das Erbe der Antike durchsetzt den Alltag bis heute: der Aquädukt von Pont du Gard, die Ausgrabungen von Vaison-la-Romaine oder Glanum, wo römische Tempel und Wohnbauten auf griechischem und keltischem Mauerwerk thronen, die Monumente in den größeren Städten, die dem Verkehr, Abgasen, Stürmen und Smog trotzen: die berühmten Theater von Orange und Arles, die Maison Carrée in Nîmes oder das monumentale Tor in Orange. Was allzu fragil erschien, landete in den archäologischen Museen von Arles oder Marseille. Schätze, die andernorts ganz selbstverständlich im Stadt- und Landschaftsbild integriert sind, erstarren nun in musealer Pracht: Sarkophage mit glanzvollen Reliefen, Mosaike, Skulpturen, Schmuck.

Das Leben von heute, gestern und vorgestern durchdringt sich in der Provence ganz selbstverständlich. Zu beobachten in Arles, in der berühmten Arena: Dereinst eines der größten Amphitheater der Provence, diente es nach dem Zusammenbruch des römischen Imperiums als Festung: Im Inneren der dicken Mauern ließ es sich sicher leben, hierhin baute man Häuser, Kapellen, Wachtürme. Eine eigene kleine Stadt, die erst im 19. Jahrhundert geräumt wurde, als man daranging, die frühere Arena wieder erstehen zu lassen. Aus den Gladiatoren von einst sind Stierkämpfer geworden, die *razeteurs*.

Natürlich habe er sich über den Fund der antiken Münzen gefreut, so Alain Farnoux, doch leben wolle er nur im Heute. Um seine Nachfolge muss er sich keine Sorgen machen. Sohn Paul ist Müller geworden, und auch dessen Sohn tritt schon in die väterlichen und großväterlichen Fußstapfen. Eine Hand hilft der anderen, gerade auch in Zeiten der Ernte und Pressung. Da muss es schnell gehen: Die reifen Oliven, im Spätherbst und Winter händisch gepflückt oder vom Baum geschüttelt, landen gleich in den Mühlen. Alain Farnoux verarbeitet nicht nur seine eigene Ernte. Seine Mühle ist weithin bekannt, die Liste seiner Kunden lang. Über Wochen hinweg stehen die Mühlsteine nicht still.

In der Vieux Moulin folgt man der traditionellen Methode: Man wäscht die Oliven, sortiert die schlechten Früchte aus und schüttet alles andere in ein großes Becken. Dort werden sie von riesigen Granitsteinen breiig zermahlen. Die Masse, die so entsteht, streicht man nun auf die mit einem Loch versehenen Kokos- oder Nylonteppiche, die *scourtins*, und stapelt diese in mehreren Lagen übereinander. Nun kommt das Ganze unter eine hydraulische Presse. Während des Pressvorgangs läuft die Flüssigkeit aus den Oliven durch die Fasern der Matten. In einer Zentrifuge trennt man Wasser und Öl – und hält Löffel und Baguette bereit: Wie ist es geworden, *l'huile d'olive vierge du Moulin, 1ère pression à froid?* Goldgrün, leicht trüb, etwas nussig im Geschmack, mit feiner Schärfe. Beste Qualität.

Früher einmal sei das Pressen jedes Mal ein Fest gewesen, erzählt Alain Farnoux: Wenn die Olivenbauern kamen und ihre Ernte präsentierten, sich bei ihm niederließen und Brot, Wein und Käse aus ihrer Tasche zogen. Da wurde dann gearbeitet, gegessen, getratscht. Die Geschichten, die dabei von Ohr zu Ohr gingen, vermisst er. Und überhaupt: Vieles hat sich verändert. Neuerdings genügt die Vieux Moulin den Auflagen der EU nicht mehr. Die hygienischen Bedingungen seien hier nicht gegeben, befanden die strengen Herren der Kommission aus Brüssel. Vater und Sohn Farnoux haben vorgesorgt: Im Februar 2008 wurden in der Vieux Moulin zum letzten Mal Oliven gepresst. Fortan betreiben die beiden ausschließlich ihre hochmoderne neue Mühle etwas außerhalb von Mirabel-aux-Baronnies.

Die Vieux Moulin besteht weiter. Als Museum und Wahrzeichen des Ortes, als Verkaufslokal. Fünf Kilogramm Oliven benötigt man, um einen Liter Öl zu gewinnen. Provenzalische Öle haben ihren Preis. Die Anbaugebiete sind kleiner als in Italien und Spanien, die Arbeit mit den Bäumen, die sich die Hügel hinaufziehen und kaum je zu einfach zu bewirtschaftenden Plantagen zusammenfinden, ist anstrengend. Und überhaupt: Olivenöl sei nicht in Gold aufzuwiegen, davon sind viele Provenzalen überzeugt. Wer braucht schon Arztbesuche, Medikamente, Operationen? Wer in die richtige Medizin investiert, wählt den besseren Weg. Wofür das Öl nicht alles gut sein soll: für Herz und Arterien, bei Muskelschmerzen, Gastritis und Geschwüren, bei Problemen mit der Verdauung, mit Leber und Galle, bei Migräne und splitternden Nägeln. Und selbst bei Brüchen gilt Olivenöl manchen als Wundermittel: Es beschleunigt die Mineralisierung der Knochen und deren Wachstum.

Das kann man nun glauben – oder auch nicht. Alain Farnoux hat ohnehin sein eigenes Rezept. Öl sei für vieles gut, davon ist er überzeugt, aber nur, wenn es in Maßen genossen werde. So weit kommt's noch, dass er sich die Butter vom Brot nehmen ließe. Vielleicht lebe er dadurch ein paar Wochen und Monate kürzer als seine Kollegen, lacht er, aber das sei ihm egal.

Und wie alt ist er nun eigentlich wirklich? Schmunzeln. Vierundachtzig. Und doch sterblich, anders als der Olivenbaum. Monsieur Farnoux lacht. Der Olivenbaum lebe ewig. Selbst wenn man ihn knapp über der Wurzel abschneidet, wenn fast nichts mehr von ihm übrig bleibt: Er treibt wieder aus, wieder und wieder. »Wir Olivenbauern und Müller sind in den Olivengärten geboren.« Mit ihnen wird man alt. Ganze Tage in den Bäumen. Von dort scheint der Himmel nicht mehr weit.

Das Feuer im Herzen, den Hasen im Bauch
Avignon und der Papst,
Petrarca und die Liebe

Hier also soll es passiert sein, in der Rue du Roi René, mitten in Avignon. Zu sehen ist nicht viel. Ein paar Mauern, darin eingelassen die Reste einer Apsis, daneben die Anklänge einer früheren Seitenkapelle. Von der einstigen Kirche Sainte-Claire ist nicht mehr viel übrig. Allein die Erinnerung an eine der wundersamsten und zugleich leidenschaftlichsten Begegnungen der Weltliteratur lässt den Ort lebendig bleiben. Es ist ein Freitag, der Karfreitag des Jahres 1327, als ein junger Mann die Kirche betritt, um sich dem Gebet hinzugeben. Im Inneren des Gotteshauses ist es dunkel, seine Augen gewöhnen sich nur langsam an das schwache Licht. Doch dann ein Blitz, sein Blick bleibt an einer Dame hängen. Ein Bild von einer Frau: anmutig, edel, makellos. Francesco Petrarca – so der Name des Jünglings – entflammt auf der Stelle. Laura, wie er die Schöne nennt, wird zu seiner großen Liebe, wiewohl seine Angebetete nichts von ihm wissen will. Doch Petrarca hört nicht auf, an seinen Gefühlen festzuhalten, allen Enttäuschungen zum Trotz. Laura wird zu seiner Muse. In dreihundertfünfundsechzig Gedichten besingt er sie und seine unglückliche, ihn peinigende Leidenschaft. Und setzt damit sich und seiner lebenslangen Passion ein Denkmal: den *Canzoniere*.
Wer war die geheimnisvolle Unbekannte aus der Eglise Sainte-Claire? Es könnte Laure de Noves gewesen sein, wird gemutmaßt, Ehefrau von Hugo de Sade und Mutter von elf Kindern. Doch der Konjunktiv bleibt und mit ihm auch das Geheimnis. In den früheren Kreuzgang von Sainte-Claire

sind vor einiger Zeit schon die Schauspieler des *Théâtre des Halles* eingezogen, zusammen mit Beckett, Genet und Thomas Bernhard. Die Gegend um die Rue Bonneterie zählt zu den lebendigsten Vierteln der Stadt. Häuser und Kirchen aus dem 15. und 16. Jahrhundert, der Charme des späten Mittelalters und der Renaissance mitten im Leben von heute. Die Rue des Teinturiers folgt dem Lauf der Sorgue: Hier haben früher die Färber gearbeitet. Entlang der Gasse ein Lokal neben dem nächsten, kleine Läden, Theater. Radfahrer holpern übers Kopfsteinpflaster, auf dem Gepäckständer ihrer Räder prall gefüllte Körbe und Taschen. Der Markt ist nicht weit, *Les Halles*. Serge hat fünfzehn verschiedene Oliven im Angebot, provenzalische, griechische, sizilianische, gefüllt, mariniert oder pur. Hausfrauen stehen vor der *Boucherie* Schlange, *Le boeuf qui rit*, das lachende Rind, fast schon ein Qualitätssiegel. Das Gemüsegeschäft von Monsieur Victor ist ein Garten Eden: Spargel aus dem Vaucluse, Zucchini und Tomaten aus Saint-Rémy-de-Provence, Feigen aus dem Hinterland von Marseille. Und fürs Dessert der Käse aus der *Maison du Fromage*.

Alltag in Avignon: Man muss ihn suchen. Einen steinernen Garten voller steinerner Blüten nannte Joseph Roth das Zentrum von Avignon. »Häuser, Kirchen und Paläste sind gewachsen, nicht gebaut. Noch um ihre klaren Formen webt ein Geheimnis. In ihren Mauern rauscht es wie in Wäldern. Ihr Stein ist weiß und grenzenlos tragisch wie alles Unermessliche.« Der Papstpalast wirft lange Schatten. Ein Bollwerk, das die Stadt zu erdrücken droht: Touristenströme verschwinden in seinem Dunkel, fluten durch die Säle und Gänge und lassen sich anschließend durch die Gassen mit den Adelspalästen treiben. Viele Spaziergänge enden an dem Pont Saint-Bénézet, dem berühmten Pont d'Avignon. Er überspannte die Rhône hinüber nach Villeneuve-lès-Avignon, wo dereinst Kardinäle in luxuriösen Residenzen logierten. Ein Torso: Nur vier der einst zweiundzwanzig Brückenbögen haben der Zeit getrotzt. Der Weg führt ins Leere, ins Wasser.

Avignon lebt mit seiner Geschichte, sie verwandelt sich in klingende Münze. Die Bars und Brasserien rund um die Place de l'Horloge sind gut besucht, die meisten von Touristen aus aller Welt: das *Le Mistrou*, das *Le Forum*, das *Des Arts*, Essen aus vieler Herren Länder. Kinder und Hunde tollen um das Ringelspiel mit seinen mächtigen Pferden und Kutschen, mit Lämpchen ohne Zahl, eine überbordend bunte Menagerie. Die Musik setzt ein, die Rösser beginnen sich zu bewegen und drehen ihre Runden. Das Jauchzen und Schreien der Kleinen wird lauter und durchbricht die quietschend dahinziehenden Melodien.

Wer in der Früh kommt oder spät am Abend, hat seine Ruhe und den Place du Palais für sich. Das *Café In et off* rückt schon um acht Uhr morgens seine Tische und Sessel ins Freie. Im Inneren des Lokals eine Büste des Francesco Petrarca. Ihm gegenüber, an der Ostseite des Platzes, der Papstpalast. Hier ist auch Petrarca aus und ein gegangen. In jenen Jahren, da er in der Provence lebte, waren das Kirchenoberhaupt und dessen Hofstaat in ihrem Exil an der Rhône.

Ein Coup des französischen Königs Philipp IV.: Er hatte ein Machtvakuum bei der Papstwahl zu nutzen gewusst und einen seiner treusten Untergebenen, den Bischof von Bordeaux, als Klemens V. auf den Papstsessel gehievt. Auf der Suche nach einem repräsentativen Regierungssitz für den Pontifex fiel die Wahl auf Avignon: Strategisch günstig am Zusammenfluss von Rhône und Durance gelegen, grenzte die Stadt an das Comtat Venaissin, seit dem Ende der Katharer-Kriege päpstliche Enklave. Hier fühlte man sich sicher, hier versammelten sich fortan Papst und kirchliche Würdenträger mit ihrer Entourage von Diplomaten, Händlern, Handwerkern und Künstlern. Der Handel mit Ablässen und Reliquien, echt oder unecht, und die Einnahmen aus kirchlichen Pfründen und Erbschaften ließen die Geldströme fließen. Wiewohl die Päpste von einer Heimkehr nach Rom träumten, suchten sie doch nach Kräften, Avignon ein repräsentatives Gepräge zu geben. Die Provinzstadt avancierte zum Zentrum der christlichen Welt und wuchs zur Metropole heran.

Anstelle des alten Bischofspalastes entstand eine Festung, mit labyrinthischen Gängen, mit Festsälen, prunkvoll freskierten Bädern und Schlafgemächern, mit Schatzkammern, Kapellen und Wandelgängen, mit Terrassen und prachtvollen Gärten.

Der Papst galt in jenen Tagen als Marionette seines Hofstaates. Ein Gefangener seines Amtes. Im Palais du Pape wurde verhandelt, getafelt und intrigiert, hier hatten die Mauern Ohren. Der Pontifex fürchtete um sein Leben, ließ sich bewachen und seine Speisen auf Giftstoffe hin prüfen. Auch im ausladendsten Raum des Palasts, dem großen Speisesaal, schottete man ihn vom Kirchenvolk ab. Ein Zeremonienmeister regelte die Sitzordnung der Gäste, die je nach Rang und Bedeutung näher oder weiter vom Kirchenoberhaupt entfernt platziert wurden. Der Papst thronte auf einem Podest, auf einem von einem Baldachin beschirmten Lehnsessel. Von hier aus überblickte er den Saal, schweigend, weit weg von seinen Untergebenen.

Die Einkaufsliste für das Festmahl anlässlich der Krönung Klemens' VI. lässt erahnen, wer in Avignon wirklich regierte: Prunk und Verschwendungssucht. 118 Rinder, 1023 Hammel, 101 Kälber, 914 Zicklein, 60 Schweine, 69 Zentner Speck, 1500 Kapaune, 3043 Hennen, 7428 Hühnchen, 1195 Gänse, 500 000 Torten, 6 Zentner Mandeln, 2 Zentner Zucker, 399 980 Eier und 95 000 Brote. Die Weinfässer aus Châteauneuf-du-Pape gar nicht zu zählen. Dort, wo sich die Päpste ihre Sommerfrische eingerichtet hatten, gediehen schon damals die feinsten Tropfen. Mit den Jahren wurden auch die Speisezettel der päpstlichen Küche immer ausgesuchter und raffinierter.

Lièvre à la façon d'Avignon
Wildhase nach Avignon-Art

Für 4 Personen:
100 ml Vinaigre de Châteauneuf-du-Pape oder
ein anderer Rotweinessig
100 ml Wasser
5 El Olivenöl
8 Pfefferkörner
1 Bund frischer Thymian
1 Zweiglein frischer Lavendel
1 große weiße Zwiebel
1 Wildhase von ca. 1½ kg
1 El Butter oder Olivenöl
150 g Schalotten
300 ml Rinderbrühe
½ l Châteauneuf-du-Pape oder ein anderer würziger Rotwein
Salz und Pfeffer
200 g Geflügelleber
2 El Butter
1 El Maisstärke

Aus Rotweinessig, Wasser, 4 El Olivenöl, Pfefferkörnern, Thymian, Lavendel und der geschälten sowie geachtelten Zwiebel eine Marinade mischen. Den Hasen gründlich waschen und in 8 Stücke teilen. Fleisch in eine Schüssel legen, mit der Marinade übergießen und mehrere Stunden oder über Nacht (möglichst unter mehrmaligem Wenden und Begießen) marinieren.
In einem großen Bräter Butter oder Olivenöl erhitzen und die geschälten, klein gehackten Schalotten darin bei mittlerer Hitze glasig dünsten. Hasenteile aus der Marinade heben, trocken tupfen, in den Bräter geben und bei nicht zu schwacher Hitze unter ständigem Wenden allseitig Farbe annehmen lassen. Mit

der Hälfte der durch ein Spitzsieb geseihten Marinade aufgießen und einkochen lassen, bis die Flüssigkeit so gut wie ver-
dampft ist. Mit der Rinderbrühe und dem Rotwein ablöschen,
mit Salz und Pfeffer abschmecken und ungefähr 50 Minuten
zugedeckt bei schwacher Hitze schmoren.
Inzwischen die Geflügelleber fein hacken und in einer Pfanne in
Butter anrösten. Mit dem Rest der abgeseihten Marinade aufgießen, mit Maisstärke binden und mit dem Stabmixer zu einer
sämigen Masse pürieren. Diese in die Schmorflüssigkeit des
Hasen einrühren und noch 5 Minuten weiterschmoren. Hasen-
stücke aus der Sauce heben und auf einer heißen Platte, mit
Alufolie bedeckt, warm stellen.
Wenn nötig, die Sauce noch einige Minuten bei starker Hitze
reduzieren, bis sie schön sämig ist. Bräter von der Herdplatte
ziehen, die Sauce noch mit 1 El Olivenöl abrunden und gut
durchrühren. Einen Teil der Sauce über das Fleisch gießen, den
Rest extra in einem Saucenkännchen servieren. Dazu passen
Bandnudeln und Baguette.

Während sich die Bevölkerung von Avignon aufs Land
flüchtete und dort der Armut zu entfliehen suchte oder in
den engen Gassen dahinvegetierte, erging sich der päpstliche Hof in Vergnügungen aller Art. Im Januar 1377 kehrte
Papst Gregor XI. nach Rom zurück, empfangen von einer
jubelnden Menge. Avignon fiel in die Bedeutungslosigkeit
zurück, der langsame Abstieg begann. Nach einer kurzen
Epoche der Gegenpäpste lag die Verwaltung der Stadt und
der Grafschaft Venaissin bei den päpstlichen Legaten, später
Vizelegaten, die in Rom bestellt wurden. Deren letzter floh
im Juni 1790 vor der Verfolgung durch papstfeindliche Re-
volutionäre. Sie plünderten den *Palais du Pape* und richteten
dort ihre Gefängnisse ein. Zu Beginn des 19. Jahrhunderts
zogen hier Militärs ein und nutzten das Gebäude als Ka-
serne: Zwischendecken wurden eingezogen, Teile der Fresken abgeschlagen und unter der Hand verscherbelt. Erst

1906 vertrieben die Denkmalpfleger die Soldaten. Erste Restaurierungsarbeiten setzten ein. Ein Unternehmen ohne Ende.

Der Papstpalast steht leer. Die Tapisserien, Teppiche und Gemälde sind in alle Welt zerstreut, nur die Mauern sind geblieben, prächtige Fresken, Böden, Decken. Ein nackter Koloss, beeindruckend und monumental, kalt. Im Juli kommen die Schauspieler, Avignon wird zur Bühne. Das Theaterfestival holt die Stadt ins pralle Leben zurück. Wenn die Akteure abgezogen sind, kehrt der Alltag zurück. Der Schemen der Päpste huscht durch die Gassen und mit ihm auch die Erinnerung an jene Tage, da sich die Menschen unter der Macht- und Prachtentfaltung duckten. »Diese Stadt ist eine Abfallgrube, in der sich aller Unrat der Welt sammelt«, konstatierte Francesco Petrarca. »Alles, was es auf Erden an Hinterhältigkeit, Gottlosigkeit und verabscheuungswürdigen Sitten gibt, findet sich hier angehäuft. Man verachtet Gott und betet das Geld an; man tritt die göttlichen und die menschlichen Gesetze mit Füßen. Alles atmet die Lüge: die Erde, die Häuser und vor allem die Schlafzimmer.«

Petrarca weiß, wovon er spricht. Vom jugendlichen Dandy zum Diplomaten, Philosophen und Dichter gereift, hat er sich unter die Fittiche der Kirche gestellt und die niederen Weihen empfangen. Sie sichern ihm ein ruhiges Auskommen. Als Kaplan, Hauslehrer und Gesandter steht er im Dienst der Familie Colonna, die ihm genügend Zeit zum Reisen, Forschen und Schreiben zugesteht. Petrarca ist begeistert vom alten Rom und verklärt die Antike. Die Dekadenz der Gegenwart wird ihm unerträglich. »Als ich [...] meinen gegen alle Städte, besonders aber gegen Avignon gerichteten abscheulichen Widerwillen und Hass, der meinem Geist von Natur aus eigen ist, nicht mehr ertragen konnte, suchte ich einen Ort zum Zurückziehen, gleichsam einen Hafen. Ich fand ein enges, aber abgeschiedenes und anmutiges Tal, das ›Das Geschlossene‹ genannt wird und fünfzehn

Fußmeilen von Avignon entfernt ist, wo die Königin aller Quellen, die Sorgue, entspringt. Ergriffen von so viel Lieblichkeit des Ortes, bin ich mit meinen Büchern dorthin umgezogen.« Er erwirbt ein kleines Anwesen in Fontaine-de-Vaucluse und macht es zu seinem Zufluchtspunkt. Avignon ist nicht weit, mit den Bischöfen von Carpentras pflegt er Freundschaften, auf der anderen Seite des Berges liegt das Kloster von Sénanque mit seinen Lavendelfeldern.

Nougat glacé au miel de lavande
Eisgekühlter Nougat mit Lavendelhonig

Für 4 Personen:
250 g Zucker
50 g zerkleinerte Mandeln
Sonnenblumenkernöl
12 Eigelbe
150 g Lavendelhonig
10 ml Wasser
750 ml Schlagsahne

Zunächst den Krokant zubereiten und dafür 100 g Zucker in einem Topf mit 3 El Wasser auf etwa 160° C erhitzen, bis er einen hellen Karamellton annimmt. Mit den zerkleinerten Mandeln vermischen und 1 Minute gemeinsam erhitzen, dann auf ein eingeöltes Backblech gießen, gleichmäßig verstreichen und härten lassen.
Die Eigelbe schaumig schlagen. Den Honig, den restlichen Zucker und das Wasser auf 120° C erhitzen, dann unter ständigem Rühren unter die Eigelbe heben und erkalten lassen.
Den Krokant fein zerkleinern, die Sahne sehr steif schlagen und alle Zutaten behutsam mit einem Holzlöffel vermischen. Eine große oder mehrere kleine Portionsförmchen mit Frisch-

haltefolie auskleiden, mit der Nougat-Creme füllen und in der
Tiefkühltruhe etwa 5 Stunden fest werden lassen.

Welch wunderbare Adresse: Fontaine-de-Vaucluse, Rive
gauche de la Sorgue. Ein zweistöckiges, etwas enges Haus,
das sich an einen Felsen schmiegt, ein Garten am linken
Ufer der Sorgue. Rosen über dem Eingang, in den Beeten
Buchs und Melisse, der Park beschattet von Pinien und Zypressen. Das Musée François Pétrarque feiert den Dichter
und Philosophen – und mit ihm auch seine Liebe zu Laura.
Im ersten Stock die Devotionalien, Bilder ohne Zahl, aus
allen Epochen. Petrarca, mönchisch-streng und mit dem
Lorbeerkranz geschmückt, Laura abwechselnd keusch, las-
ziv und leidenschaftlich. Wie ist es wirklich gewesen? Man
spekuliert, verwirft, versucht es wieder – und kommt doch
nicht weit.
Es bleiben die Sonette. An ihnen hat Petrarca auch in den
sechzehn Jahren gearbeitet, die er hier verbracht hat. Obwohl er in jener Zeit viel reist und seine politischen Verbin-
dungen pflegt, wird das Vaucluse zu seinem »transalpinen
Helikon«, ein Zufluchtsort. »In der Hoffnung, in der Frische
dieses schattigen Ortes das jugendliche Feuer zu löschen,
das, wie Du weißt, viele Jahre in mir brannte, pflegte ich
seit meiner Jugend mich hierher zurückzuziehen, wie in eine
stark befestigte Burg«, erinnert er sich später in einem Brief
an einen Freund. »Aber wie unvorsichtig war ich doch! Eben
diese Heilmittel zerstörten mich. Verbrannt nämlich von
diesen Feuern, die ich in mir trug, und in derartiger Einsamkeit ohne jemanden, der mir gegen diese Feuer hätte helfen
können, brannte ich noch verzweifelter.«
Große Worte. Fast möchte man meinen, Petrarca habe
sie gesucht, zusammen mit der übergroßen Leidenschaft,
die das Schreiben erst möglich macht. Die Liebe zu Laura
wird zur Inszenierung, das Feuer, das schmerzhaft in ihm
brennt, wird am Lodern gehalten. »Auf diese Weise brach

die Flamme in meinem Herzen aus meinem Mund hervor und erfüllte den Himmel und die Täler mit unglücklichen, aber – wie es einigen schien – auch süßen Lauten. Daraus erwuchsen die volkssprachlichen Verse über meine jugendlichen Qualen, derer ich mich schäme und die ich bereue, die sich aber doch auch, wie wir sehen können, bei denen, die vom selben Übel geschlagen worden sind, großer Beliebtheit erfreuen.«

Ist Monsieur da nicht ein wenig kokett? Der *Canzoniere* spricht eine eigene Sprache, er hat den Dichter berühmt gemacht. Petrarca kennt die Lieder der provenzalischen Troubadoure, er lässt sich von Dante und dem Frauenlob sizilianischer Schule beeinflussen, auch von den Dichtungen des Ovid und Vergil, um schließlich zu seinem eigenen Ton zu finden. In seinen sinnlichen Gedichten wird die Frau nicht mehr als ferner Engel angebetet, sondern als reale Person, deren Individualität erstmals wahrgenommen wird. Der Dichter schwankt zwischen Euphorie und Trauer über die Unerreichbarkeit seiner Geliebten und verfällt dem Überdruss am Leben, dem Wissen um die Vergänglichkeit allen Seins und Tuns.

Der solcherart entstandene Stil zieht als Petrarkismus durch Europa, infiziert Shakespeare und Chaucer, später auch Gryphius und Opitz. Laura, in deren Namen der Lorbeer steckt, macht Petrarca unsterblich – und stirbt selbst, so der Dichter, am 6. April 1348, auf den Tag genau einundzwanzig Jahre nachdem Petrarca sie in der Kirche *Sainte-Claire* zum ersten Mal gesehen haben will. Selbst der Tod fügt sich in ein poetisches System voller Hintersinn.

Petrarca trägt das Manuskript für seinen *Canzoniere* jahrzehntelang mit sich herum. Am 8. April 1341 wird er am Kapitol in Rom zum Dichter gekrönt, zum poeta laureatus. Der Lorbeerkranz sitzt fest auf seinem Kopf. Ein Lebenstraum ist in Erfüllung gegangen. Allein der Alltag in Avignon wird immer quälender. Je älter er wird, umso mehr sehnt er sich nach Italien. »Ich bin weder lebendig noch gesund, weder tot noch krank; ich werde erst zu leben beginnen, wenn ich den Ausgang aus diesem Labyrinth gefunden habe«, schreibt er 1353 anlässlich seines Abschieds aus Avignon und der Provence. Er geht nach Italien zurück, lässt sich von mehreren Dienstgebern verpflichten und beendet seine Tage im heutigen Arquà Petrarca in den Euganeischen Hügeln unweit von Padua. Bis zuletzt arbeitet er am *Canzoniere*, ordnet ihn immer wieder neu: dreihundertfünfundsechzig Gedichte, für jeden Tag des Jahres eines, abgerundet von einer Kanzone an die Jungfrau, *Vergine bella*.

Vieles an dieser Liebesgeschichte macht wundern. Und wenn es diese Laura gar nicht gegeben hat, wenn sie nur im Kopf des Petrarca existiert hat? Schon zu Lebzeiten des Dichters tauchen erste Zweifel an ihrer Existenz auf. *Ficta carmina, simulata suspiria*, wirft Giacomo Colonna seinem Freund Petrarca vor, er suhle sich in erdichteten Liedern und erheuchelten Seufzern. Giovanni Boccaccio hakt da ein: »Auch wenn Petrarca in zahlreichen volkssprachlichen, glänzend geschriebenen Gedichten erklärte, mit großer Leidenschaft eine gewisse Lauretta geliebt zu haben, dann steht das meiner Auffassung nicht entgegen, denn ich glaube, wie ich es meinesteils und mit guten Gründen annehme, dass jene Lauretta allegorisch für die Lorbeerkrone steht, die er später erhielt.«

Laura, der Lorbeer, Laurus nobilis: Die Gewürzpflanze kann, in größeren Mengen genossen, zur Trance führen. In der Provence gedeiht sie prächtig. Auch in Petrarcas Garten in Fontaine-de-Vaucluse wächst so ein Baum. Ein Lorbeerblatt als Souvenir, im *Canzoniere* gepresst und zwischen den Gedichten verschlossen: Auch so duftet die Liebe in der Provence.

Verriegelte Türen, schweigsame Mauern
Von Schäfern und Schäferstündchen:
Mord in der Haute-Provence

Eigentlich wollen die Drummonds an die Côte d'Azur. Meer, Sonne, Liegestühle am Strand. Doch ein Plakat macht Sir Jack, Lady Anne und ihre Tochter Elizabeth neugierig: ein Stier, umtänzelt von einem *razeteur*, das Ganze in grellen Farben gemalt. Digne-les-Bains und die Haute-Provence gehören nicht zu den Hochburgen des Stierkampfs. Die Drummonds aber lassen sich ködern, bestellen Karten. Sie fahren an die Küste weiter und kehren ein paar Tage später in die Berge zurück.

Das Spektakel in der Arena von Digne enttäuscht sie. Sie verlassen den Stierkampf noch vor Ende der Veranstaltung und machen sich wieder auf den Weg in den Süden. Weil es dunkel geworden ist und sie die Fahrt durch die Nacht scheuen, halten die drei Engländer kurz vor Lure und stellen ihren grünen Hillman Estate auf einem Feldstück unweit der Straße ab. Hier wollen sie campen und erst am nächsten Tag weiterreisen. Doch an der Côte d'Azur sind sie nie angekommen. Man entdeckt ihre Leichen in den Morgenstunden des 5. August 1952.

Die Affäre Dominici, wie die Causa heißt, zählt in Frankreich zu den spektakulärsten Kriminalfällen der Nachkriegsära: Anne und Jack sind tot neben ihrem Auto gefunden worden, erschossen mit einem Karabiner aus amerikanischen Armeebeständen. Die zehnjährige Elizabeth hat man siebenundsiebzig Meter entfernt auf dem Weg aufgespürt, der zur Durance hinunterführt, ermordet auch sie. Die Empörung der Bevölkerung ist groß, besonders die Briten entrüsten sich lauthals über die Zustände in der französischen Provinz, wo unbescholtene Touristen ihres Lebens nicht mehr sicher seien. Eine englische Zeitung setzt fünfhunderttausend Francs für die Aufklärung der Tat aus.

Auch Frankreich ist interessiert, das Verbrechen schnell wieder vom Tisch zu haben. Mord, das passt nicht ins Konzept der Tourismusindustrie, die in jenen Tagen einen besonderen Aufschwung erwartet. Er sei sich sicher, dass sich der Fall innerhalb weniger Stunden und Tage klären lasse, verspricht Kommissar Edmond Sébeille. Ihn hat man aus Marseille herbeigerufen, nun leitet er die Ermittlungen. Sie laufen zügig an – und geraten schnell ins Stocken.

Der Mistral, das Parlament und die Durance, das seien die drei Geißeln der Provence, heißt es in einem Sprichwort. Dem Mistral ist man immer noch ausgeliefert, das Parlament der alten Provinzhauptstadt Aix wurde mit der Revolution aufgelöst, und die Durance, wegen ihrer sintflutartigen Hochwasser jahrhundertelang gefürchtet, ist längst durch Stauseen und Kanäle gebändigt. Bei Sisteron, dem Tor zur Provence, bricht der Fluss durch den Fels, gut dreißig Kilometer weiter fließt er an La Grand' Terre vorbei. Dort wohnte zur Zeit des Verbrechens der Clan der Dominici, Vater Gaston und Sohn Gustave bewirtschafteten den Bauernhof an der Route Nationale 96, ein ganzes Stück von den nächsten Ortschaften entfernt. Wer hier lebt, bleibt für sich. Die mögliche Tatwaffe ist bald gefunden, sie liegt in der Durance. Einer jener Karabiner, wie sie die Alliierten während des Zweiten Weltkriegs über der Provence abgeworfen haben, um den Widerstand mit Waffen zu versorgen. Das Gewehr ist alt und kaputt, man hat es notdürftig repariert. Für Kommissar Sébeille scheint bald klar, dass der Täter ein Einheimischer gewesen sein muss. Denn weit vom Tatort dürfe man sich bei seinen Untersuchungen ohnehin nicht entfernen, so seine kriminalistische Überzeugung: Der Verbrecher sei immer in der Nähe seiner Opfer zu finden. Und weil Gustave Dominici die Leichen entdeckt und sich bei der Befragung in seltsame Widersprüche verstrickt hat, fällt der Verdacht von Kommissar Sébeille auf ihn und seinen Vater. Sébeille verfolgt diese Spur weiter. Etlichen anderen Hinweisen geht er zwar nach, kehrt dann aber doch wieder zu den Dominici zurück.

Frankreich und die Presse rätseln, immer neue Thesen kommen aufs Tapet. Der Mordfall sei eigentlich ein Sexualdelikt gewesen, mutmaßen die einen, Gaston habe Anne nach einem Schäferstündchen umgebracht und dann die restliche Familie ausgelöscht. Eine Vermutung, die auch der Angeklagte mit allerlei dubiosen Andeutungen zu nähren scheint. Nein, das sei so wohl nicht wahr, wollen andere wissen, der Tod der drei Briten sei auf das Konto geheimnisvoller innerfamiliärer Spannungen bei den Dominici zu verbuchen. Und überhaupt: Wer weiß, ob dieser Jack Drummond nicht eigentlich ein englischer Spion gewesen sei, dessen Spur sich bis in die Zeiten des Zweiten Weltkriegs und der Résistance zurückverfolgen ließe. Nun seien alte Rechnungen beglichen worden. Die Spekulationen nehmen kein Ende.

Es dauert Monate, bis sich Polizei und Justiz der Lösung des Falles ein Stück näher sehen: Am 13. November 1953 bricht Gustave Dominici bei der Vernehmung zusammen und beschuldigt seinen Vater Gaston des Mordes. Dieser gesteht, ohne ein wirklich schlüssiges Motiv vorlegen zu können. Auch ein zweiter Sohn, Clovis, schließt sich der Anklage an: Er könne bezeugen, dass er die Mordwaffe dereinst in den Händen seines Vaters gesehen habe, sagt er aus. Doch geklärt ist der Fall noch lange nicht. Gustave widerruft und mit ihm auch Gaston: Er nimmt sein Geständnis zurück, gesteht die Tat neuerlich, widerruft nochmals.

Der Schwurgerichtsprozess in Digne-les-Bains, der Hauptstadt des Departements Alpes-de-Haute-Provence, entpuppt sich als langwierig und zäh. Er beginnt am 17. November

73

1954 und zieht das Interesse der internationalen Medien auf sich wie kein anderes französisches Verfahren vor ihm. Digne wird von Journalisten, Fotografen und Kamerateams belagert, Neugierige stürmen die Gänge des Gerichts, um einen Blick auf die Angeklagten und deren Familie zu werfen.

Unter den Prozessbeobachtern ist auch der Schriftsteller Jean Giono. Die Haute-Provence und deren Menschen sind ihm sehr vertraut. Im März 1895 in Manosque unweit des Tatorts geboren, hat er jahrelang als Bankangestellter gearbeitet. Als solcher fiel ihm auch die Aufgabe zu, die Bewohner der Dörfer und Höfe abzuklappern, um ihnen Wertpapiere zu verkaufen. Man werde leicht nachvollziehen können, dass man sie kennen musste, um dabei Erfolg zu haben, schreibt er in seinem Buch über den Fall Dominici. Und weiter: Die Haute-Provence sei ein rätselhaft-schönes, aber auch wildes Land, hier wohnten die Stille und das Schweigen.

Bis heute. Ein melancholischer Zauber liegt über der Gegend, die Augen kommen zur Ruhe, das Herz wird leicht. Die Schritte suchen sich ihre Wege durch die Weite der Landschaft. Ab und zu ein paar Häuser, ein Gebimmel in den Ställen. Die Menschen grüßen, lächeln scheu. Dann kehren sie zurück zu ihrem Tagwerk. Die Bauern und Schäfer »leben von Herden, von Bienenstöcken, von Lavendelzucht, von Beschaulichkeit«, so Giono. Man ist stolz auf seine Tiere, auf den Ziegenkäse, den Banon. Die kleinen Laibe, in Kastanienblätter eingeschlagen und mit Bast umschnürt, duften, auf den Wochenmärkten von Apt, Forcalquier oder Pertuis werden sie verkauft, in allen Größen und Reifestufen. Ein Zubrot.

Das Leben mit und in der Natur lehrt Gelassenheit. »Felsen in einem sehr aristokratischen Grau tragen die Dörfer zum blauen Himmel empor.« Hasen und Kaninchen jagen durch die weiten Waldflächen mit ihrem stacheligen Gebüsch und den Steinen. Ihnen stellt man nach, der Sonntagsbraten. Ein Kavaliersdelikt oder eine Sache der Ehre? »Wilderer bei Tag und Nacht«: das schlimmste Schimpfwort des Gaston Dominici.

Lapin à la façon de Sisteron
Kaninchen nach Sisteron-Art

Für 4–6 Personen:
1 küchenfertiges Kaninchen
2–3 Zweiglein frischer Salbei
Salz und Pfeffer
Mehl zum Bestäuben
3–4 El schwarze Oliven
Zitronensaft
4 Schalotten
6 reife Tomaten
2 El Butter
2–4 El Olivenöl
5 Knoblauchzehen
1 El Tomatenmark
ca. 150 ml Hühnerbrühe
ca. 150 ml Côte du Luberon (ersatzweise ein anderer Rosé oder Rotwein)
einige Pfefferkörner
8 Wacholderbeeren
frisches gehacktes Basilikum oder Petersilie zum Garnieren

Das Kaninchen in mehrere Stücke teilen. Fleisch waschen und trocken tupfen. Salbeiblätter abzupfen und fein schneiden. Kaninchenstücke mit einem Teil des Salbeis, Salz und Pfeffer rundum gut einreiben, zart mit Mehl bestäuben, überschüssiges Mehl wieder abklopfen. Oliven halbieren, entsteinen und

75

fein hacken, in einer kleinen Schüssel mit Zitronensaft beträufeln und 10 Minuten ziehen lassen.

Schalotten schälen und in feine Ringe schneiden, Tomaten in siedendem Wasser blanchieren, abschrecken, Haut abziehen, Stielansatz entfernen, in kleine Würfel schneiden. Butter und Olivenöl in einer Pfanne erhitzen, Kaninchenteile darin von allen Seiten goldbraun anbraten. Herausnehmen und beiseitestellen. Nochmals etwas Olivenöl zugießen und erhitzen, darin Zwiebelringe und nicht geschälten Knoblauch goldbraun anbraten. Tomaten und Oliven dazugeben und einige Minuten kräftig andünsten. Tomatenmark einrühren, mit Hühnerbrühe und Rosé aufgießen und nochmals einige Minuten einkochen lassen. Dabei mit restlichem Salbei, Pfefferkörnern und Wacholderbeeren würzen und mit Salz abschmecken.

Backofen auf 180° C vorheizen. Kaninchenteile in eine feuerfeste Form legen, Tomatensauce darübergeben und etwa 1 Stunde im Ofen garen. Die Kaninchenteile wiederholt wenden und eventuell noch etwas Wein oder Brühe (ersatzweise etwas Wasser) zugießen. Sobald sich das Fleisch beim Anstechen mit einer Gabel weich anfühlt, die Form aus dem Ofen nehmen. Kaninchen mit Basilikum oder Petersilie garnieren und beispielsweise mit Kartoffelpüree nach provenzalischer Art servieren.

Purée de pommes de terres à la provençale
Kartoffelpüree nach provenzalischer Art

Für 4 Personen:
1 kg mehligkochende Kartoffeln
ca. 100–200 ml Milch (je nach Kartoffelsorte)
2–3 El Butter
3–5 Knoblauchzehen
1–2 El kalt gepresstes Olivenöl

Salz, weißer Pfeffer

1 Bund frisches Basilikum

1 El frischer gehackter Oregano

½ El Trüffelöl (ersatzweise bestes kalt gepresstes Olivenöl)

Ungeschälte Kartoffeln waschen und in Wasser weich kochen. Kurz ausdämpfen lassen, dann schälen. Durch die Kartoffelpresse drücken und warm stellen. In einer Kasserolle die Milch lauwarm erhitzen und die Butter darin schmelzen. Den Kartoffelbrei dazugeben und bei sehr schwacher Hitze und unter ständigem Rühren nochmals erhitzen.

Knoblauch schälen und durch die Knoblauchpresse drücken. In Olivenöl hell anbraten und unter den Kartoffelbrei mengen. Mit Salz und Pfeffer abschmecken. Basilikum waschen, die Blättchen abzupfen und klein hacken, mit dem Oregano unter das Kartoffelpüree heben. Unmittelbar vor dem Servieren mit dem Trüffelöl beträufeln.

Auf den Weiden wachsen Thymian und Rosmarin, das Fleisch der Sisteron-Lämmer ist berühmt: zart, mit dem Geschmack der Kräuter. Auch Gaston Dominici war Schäfer. Als Sohn einer Magd steht er früh auf eigenen Beinen. In Brunet am Plateau de Valensole, inmitten riesiger Lavendelfelder, bewirtschaftet er ein kleines Gehöft, zusammen mit seiner Frau. Die beiden bekommen neun Kinder. Ein paar Jahre später übersiedelt die Familie nach Ganagobie. Eine gottverlassene Gegend, gerade hier, unweit der berühmten romanischen Abtei mit ihren fantastischen Mosaiken. Steineichen und Ginster, der Duft von Lorbeer und Wacholder, Lavendel, einmal mehr. Viele Schafe und Ziegen, wenig Menschen. Die Dominici bleiben nicht lange, sie ziehen weiter, diesmal hinunter in die Ebene. In der Ortschaft Lure finden sie einen Hof, gut hundert Quadratmeter groß, abseits des Dorfes. Aix, Digne oder Sisteron scheinen weit entfernt. Die wenigen Fotos aus dem Familienalbum sprechen eine eigene Sprache: hemdsärmelige Männer mit ernstem Blick, die Mutter vor dem Kanonenofen, der Schuppen mit uralten Gerätschaften. Jeder steht auf seinem Platz und weiß, was er zu tun hat.

Einsamkeit gehöre zum Alltag, schreibt Giono über die Bewohner der Haute-Provence. »Die Hoffnung muss man sich selbst zimmern.« Im Winter kann es kalt werden, oft auch nass und stürmisch. Mehr als dreißig verschiedene Winde soll es in der Provence geben, alle haben einen eigenen Namen: Travèsso, Levant, Marin blanc oder Tremountano. Aus dem Nordwesten jagt der Mistral mit Geschwindigkeiten von hundert Stundenkilometern und mehr übers Land. In den Eichenwäldern warten die Vergnügungen der Herbst- und Wintermonate: die Trüffelsuche. Wie macht er sich diesmal, der Tuber melanosporum? Hat's im April die Gewitter gegeben, die ihm so gut tun, war der Mai hoffentlich nicht allzu kalt. Im Juni und Juli darf es nicht zu trocken sein und September, Oktober sollten feucht werden. Dann, ja dann kommen im November die ersten Trüffel auf die Märkte und Teller. Bis in den März hinein zieht der Duft der Knolle durch die Küchen.

Brouillade de truffes
Trüffelrührei

Für 4 Personen:
8 frische Eier
2 El Milch
1–2 kleine Trüffel
Salz, weißer Pfeffer
2 El Butter

Die Eier in einer Schüssel aufschlagen. Die Milch zufügen und beides mit einer Gabel verquirlen. Die Trüffel mit einer kleinen Bürste vorsichtig säubern, in feine Scheiben schneiden und zu den Eiern geben. Das Ganze 1 bis 2 Stunden zugedeckt ruhen lassen, damit die Eiermilch das Aroma der Trüffel annimmt. Salzen und pfeffern. Die Butter in einer großen Pfanne mit dickem Boden bei kleiner Hitze schmelzen lassen. Die Ei-Trüffel-Masse in die Pfanne geben und unter ständigem Rühren bei kleiner Hitze 5 bis 10 Minuten garen. Sobald das Trüffelrührei eine cremige Konsistenz hat, die Pfanne vom Herd nehmen und das Rührei sofort servieren.

Schon die Ermittlungen im Fall Dominici haben sich als schwierig gestaltet. Nun wird der Prozess zum Hürdenlauf. »Was ich gesagt habe, habe ich gesagt, und ich habe es nicht getan.« Darauf beharrt Gaston Dominici, der fast nur Provenzalisch spricht. Sein Wortschatz auf Französisch umfasst fünfunddreißig Wörter, Jean Giono hat mitgezählt. Im Gerichtssaal prallen zwei Welten aufeinander: Hier Staatsanwaltschaft, Richter und Verteidiger, die Abgesandten der französischen Bürokratie und Justiz, dort die Dominici, selbstbewusst und schwer zu durchschauen.

Am 28. November 1954 wird Gaston Dominici zum Tod verurteilt. Der Schuldspruch und die harte Strafe rufen Kritiker auf den Plan, die Stimmen, die Causa sei ein Justizskandal, verstummen nicht. Der Fall scheint nicht wirklich gelöst. Gaston Dominici wird 1957 vom französischen Präsidenten René Coty begnadigt und im Juli 1960 von Charles de Gaulle in die Freiheit entlassen.

Fünf Tage nach dem Verbrechen sind Sir Jack, Lady Anne und Elizabeth Drummond in Forcalquier beerdigt worden. Die drei Briten blieben in der Provence zurück, auf einem Dorffriedhof fünfzehn Kilometer westlich jenes Ortes, an dem sie umgekommen sind. An Elizabeth erinnert heute ein Kreuz am Kopf jener Brücke, wo man ihre Leiche gefunden hat. Ein rührendes Denkmal für ein Kind. Das rostige Gestänge ist über und über mit Plastikblumen und Spielzeug behängt. Verblasste Rosen und Nelken, Teddybären, ein Stoffhase mit riesiger Karotte. Einen Steinwurf entfernt La Grand' Terre. Die Dominici leben längst nicht mehr hier, das Haus wirkt verlassen. An die Vergangenheit will hier niemand rühren.

Wirklich geklärt scheint die Affäre noch nicht. Spielfilme sind entstanden – deren berühmtester mit Jean Gabin in der Hauptrolle –, ein Theaterstück, mehrere Bücher und Dokumentationen, ungezählte Reportagen voller Mutmaßungen und angeblich neuer Erkenntnisse. Enkel Alain, zum Zeitpunkt der Tat noch ein Baby, kämpft bis heute um die Rehabilitation seines Großvaters. Gaston Dominici ist am 4. April 1965 in Digne-les-Bains gestorben. Das Dokument, das er vor seinem Tod vorlegen wollte und das seine Unschuld ein für alle Mal beweisen sollte, wurde nie gefunden. Gegen Ende seines Lebens hat sich Gaston Dominici mit einem Benediktiner-Mönch des Klosters Ganagobie angefreundet. Ihm legt er eine Beichte ab. Der Mönch schweigt, allein er und Gott wissen, was in jener Augustnacht des Jahres 1952 wirklich passiert ist.

Rund um La Grand' Terre steht das Gras hoch. Es hat geregnet, die Wiese ist noch nass. Die Sonne sucht ein Schlupfloch zwischen den Wolken, die Tropfen beginnen zu schimmern. Auch im Dickicht steckt Licht.

Minnesangs Frühling
Von Liebeshändeln, Leidenschaft und dem Erbe der Troubadoure

Die Bäume mit den tiefen Wurzeln sind jene, die hoch wachsen.
Frédéric Mistral

Es ist kalt geworden. Alle drängen um den Kamin. Die Flammen züngeln. Ab und zu ein Zischen, das Krachen des Holzes, das in sich zusammenfällt. Man hat gut gegessen und einiges getrunken, die Reste des Ziegenkäses stehen noch auf dem Tisch, ein Glas mit Kastanienhonig, ein paar Pflaumen und Nüsse, ein Teller mit einem einsamen Stück *Tarte de pommes.* Genug für heute, eine weitere Flasche Wein kommt aus dem Keller. Das Feuer wirft Schatten, ein Flackern und Lodern taucht den Raum in immer neues Licht. Zeit für eine Geschichte. Alle warten. Bis einer die Stille durchbricht. Kennt ihr Guilhem de Cabestan, den Ritter und Troubadour, den Abenteurer, Liebling der Frauen? Kopfschütteln. Und dann geht es los.
Stellt euch vor: Eine Nacht wie diese. Guilhem de Cabestan gibt seinem Pferd die Sporen. Er reitet um sein Leben. Die Frau, die er wochen-, ja monatelang mit seinen Liedern umworben hat, scheint sich tatsächlich in ihn verliebt zu haben. *Quel malheur!* Kennt sie denn nicht die Spielregeln? Seine Angebetete ist verheiratet und er nur ein wortgewandter, doch darin leidenschaftlicher Verehrer. Platonisch, versteht sich, weiter soll und darf das Geplänkel nicht gehen. Und nun das: Sie will mehr, und er lehnt ab. Dem Liebestrank, mit dem sie ihn daraufhin zu vergiften sucht, ent-

geht er wie durch ein Wunder. Auf seinem Schimmel jagt er davon.

Guilhem zieht weiter und landet am Hof des Raymond de Roussillon, verheiratet auch er. Und wieder passiert es. Guilhem entfacht Gefühle bei seiner Herrin. Als Raymond davon erfährt, tötet er den unglücklichen Troubadour. Er schneidet ihm das Herz heraus und bringt es seinem Koch an den Herd. Das Gericht, das kurz darauf auf dem Teller seiner Gattin liegt, mundet ihr vorzüglich. Erst als sie den Teller zur Seite gestellt hat, erfährt sie, wes Fleisch sie da gerade verzehrt hat. Wahnsinnig vor Trauer stürzt sie sich aus dem Fenster. Ihr Körper zerschellt auf den Felsen unterhalb der Burg.

Die Geschichte einer Winternacht. Die Gläser sind leer, das Feuer heruntergebrannt, die Lider schwer. Schlaf und Träume lassen nicht lange auf sich warten.

Sagen, Legenden und Anekdoten: Die Provence ist voll davon. Nicht selten führen die Erzählungen zurück in die Welt der Troubadoure und in jene Zeit, da unerfülltes Liebessehnen den höfischen Alltag bestimmte. *Cours d'Amours* nannte man jene Zentren des Minnesangs, wo Ritter und niedere Aristokraten den Damen des Hauses sich und ihre selbst komponierten Lieder zu Füßen legten. Wiewohl der Ehrenkodex streng und die Ohren von Ehemännern offen waren, kam es immer wieder zu erotischen Verwicklungen, ja Tragödien. Die dann zu Stoffen für weitere Liebeslieder avancierten – wie etwa die traurige Geschichte des Guilhem de Cabestan, die viele Jahre später in Boccaccios *Decamerone* wieder auftauchte.

Die Höfe von Orange und Aix, die Schlösser von Oppède-le-Vieux oder Forcalquier: Hier erklangen die Stimmen der *Troubadoure* und *Troubairitz*, wie die Dichter und Dichterinnen des 11., 12. und 13. Jahrhunderts hießen. Besonders laut, so scheint es, waren sie in den Gemächern der Damen und Herren von Les Baux zu hören: eine Trutzburg voller Musik, die den Kunstsinn, aber auch den Stolz und die Unbeugsamkeit ihrer Erbauer spiegelte. »*Raço de igloun, jamai vassalo*«, so Frédéric Mistral, ein »Geschlecht von Adlern, niemals untertan«.

Wie ein Horst thronte die Zitadelle im zerklüfteten Kalkgestein, ein eigensinniger Bau, hochmütig und uneinnehmbar. Er ist längst zur Ruine verkommen: Verwitterte Mauern greifen in den Himmel, Fenster stieren ins Leere, in den Resten der Türme nisten die Vögel. Wind und Wasser haben an den Felsblöcken genagt. Ein steinernes Schiff ohne Takelage, dem Verfall preisgegeben.

Geschichte und Geschichten, von Gras, Lavendel und Stechpalmen überwuchert. Die tote Stadt, so der heutige Name des Terrains, ist zum Steinbruch geworden. Von hier aus, einem Logenplatz inmitten der Alpilles, wanderte dereinst der Minnesang gen Norden, nach Paris und weiter nach Deutschland, Österreich und in die Schweiz. Und hier, im Süden Frankreichs, erlebte auch das Provenzalische, ein Dialekt des Okzitanischen, seine Blüte: Bis ins Hochmittelalter hinein galt es als eine der wichtigsten Literatursprachen Europas. Erst die Feldzüge gegen die Albigenser, wie man die Katharer auch nannte, veränderten die Riten der höfischen Kultur und vertrieben die Troubadoure. Als sie verstummten, ging ein Stück der provenzalischen Sprache und Identität verloren.

Mit der zunehmenden Zentralisierung Frankreichs geriet auch die Provence immer stärker in den Einflussbereich von Paris. Dort fehlte das Verständnis für die regionalen Gebräuche und Dialekte. Verwaltung und Schule suchten alle Bürger des Landes aufs Französische einzuschwören. Das Provenzalische verschwand fast vollends aus dem Alltag. Und doch ist ein Gutteil des mittelalterlichen Lebens, in dem auch der Minnesang wurzelt, bis heute zu spüren: in der Tour Ferrande von Pernes-les-Fontaines, in den Abteien von

Sénanque und Silvacane, in den engen Gassen von Les Baux, wo nicht nur Säbel und Ritterburgen aus Plastik verkauft werden, sondern auch die *santons*, wie die Figuren der provenzalischen Krippen heißen: der Bauer, gebückt, das Saatgut in seinem Korb, die alte Frau mit großen Büscheln blühenden Lavendels unter dem Arm, der Junge mit der selbst gebauten Angel, der Jäger, der Trüffelsammler mit seinem Hund. Auch auf dem Teller Gerichte aus fernen Tagen: *Pieds et paquets* gilt immer noch als Spezialität – und mag als eine der archaischsten Speisen durchgehen, die die Provence zu bieten hat. Das Gericht schmeckt nach Mittelalter, nach Ziegenställen, offenem Feuer und Rauch.

Pieds et paquets
Gefüllter Schafspansen mit Lammfüßchen, Karotten und Tomaten geschmort

Für 6 Personen:

1 Port. Kutteln (Schafspansen), gut gereinigt und vorgebrüht

100 g Fett (Lammfett)

150 g Speck, geräuchert

1 Bund Petersilie, glatt, gehackt

3 Knoblauchzehen, gehackt

Pfeffer, Muskat

3 El Olivenöl

6 Lammfüße, geputzt und vorgebrüht

¾ l Gemüsebrühe, evtl. mehr

¼ l Rosé

etwas Orangenschale

5 Tomaten, enthäutet, entkernt und geviertelt

1 Zwiebel, klein gewürfelt

1 Zwiebel, geschält und mit Gewürznelken gespickt

2 Knoblauchzehen, enthäutet

2 Karotten, grob gewürfelt

1 Bouquet garni (ein Sträußchen gemischter Kräuter, mit 3–4 Lorbeerblättern)

1 Chilischote, klein, mild und entkernt

Salz, Pfeffer, Muskat

1 Knoblauchzehe, fein gehackt

evtl. zusätzlicher Rosé

Für die Päckchen, die entstehen sollen, wird der Pansen in 12 ungefähr 8 cm lange Streifen geschnitten, in jeden Streifen wird an einer Ecke ein »Schlitz« parallel zur Kante geschnitten.

Der Räucherspeck wird in dünne Streifen geschnitten. Petersilie, Knoblauch und Lammfett werden fein gehackt, zu einer Farce vermischt und mit Pfeffer und Muskat gewürzt.

Auf jeden Pansenstreifen legt man einen Streifen Räucherspeck, gibt einen Esslöffel Füllung darauf, klappt die Längsseiten leicht über die Füllung und rollt nun den Streifen möglichst fest ein, beginnend an der dem Schlitz entgegengesetzten Seite. Zur Fixierung zieht man das ganze Päckchen durch diesen Schlitz, der dann mittig auf das Paket gezogen wird.

Die Zwiebeln in Olivenöl andünsten, ohne sie zu bräunen, Tomaten, Karotten und ganze Knoblauchzehen hinzugeben, die Paquets und die Füßchen einschichten, mit Wein und Gemüsebrühe auffüllen, sodass alles bedeckt ist. Alle übrigen Zutaten (gespickte Zwiebel, Orangenzesten, Bouqet garni, Chilischote) hinzugeben. Sparsam salzen, da der Speck bereits salzig ist, großzügig pfeffern und etwas Muskat hineinreiben.

Bei möglichst geringer Hitze 8–10 Stunden schmoren, dabei hin und wieder vorsichtig, ohne umzurühren, am Topfboden kratzen, damit sich nichts anhängt. Gegebenenfalls Brühe oder Wein zugießen.

Ob die Kuttelpäckchen gar sind, überprüft man, indem man eines davon vorsichtig an einer Ecke anschneidet – es muss sich ganz leicht schneiden lassen.

Zur Fertigstellung entfernt man die Knöchelchen der Lammfüße, die sich beim Schmoren gelöst haben, und das Bouquet
garni. Dazu passen Kartoffeln und ein Rosé.

Ein Gericht wie aus dem Rezeptbuch des Frédéric Mistral.
Der Dichter, der sich selbst in der Nachfolge der mittelalterlichen Troubadoure und Troubairitz sah, gehörte zu den
großen Erneuerern der provenzalischen Sprache. Mit seinem Versepos *Mireille* – oder *Mirèio* im Original – schlug er
neue und doch auch alte Töne an. Acht Jahre hat er an den
zwölf Gesängen gearbeitet, er, der selbst ernannte »demü-
tige Schüler des göttlichen Homer«. Wer möchte zweifeln?
Mistral besaß Selbstbewusstsein – und eine große Mission:
der Provence und ihrer Sprache zu einer Renaissance zu verhelfen. Zusammen mit einigen Freunden gründete er am
21. Mai 1854 den *Félibrige*, eine Vereinigung zur Wieder-
geburt der provenzalischen Kultur. »Und das schwöre ich
euch«, liest man in Mistrals *Erinnerungen* über jenen denkwürdigen Abend, als er sich mit seinen Mitstreitern, den
Félibres, zusammentut, »wenn ich auch zwanzig Jahre mei-
nes Lebens darauf verwenden müsste, ich werde beweisen,
dass unsere Sprache eine Sprache ist, indem ich die Gesetze
feststelle, die sie regieren.« Der *Trésor dóu Félibrige* wurde
zur Herausforderung: ein monumentales Wörterbuch des
Provenzalischen, das auch die verschiedenen regionalen
Varianten berücksichtigt.
Auf diesen Schatz und die Bemühungen Mistrals, die
Schreibweise der Regionalsprache zu vereinheitlichen und
deren Grammatik schriftlich festzuhalten, beruft man sich
bis heute.
Dass sich das Provenzalische im Alltag nicht wirklich durch-
zusetzen wusste und nur mehr von einer Minderheit ge-
sprochen wird, bedauern viele. Wohl gibt es in vielen Städten und Dörfern zweisprachige Ortstafeln, es gibt Kurse in
den Schulen, CD-Lehrbücher, Radio- und Fernsehsendun-

gen. Doch den Versuchen, an frühere Zeiten anzuknüpfen, haftet der Hauch des Musealen an.

Minne, Ritterlichkeit, Heimatverbundenheit. Das sind die Werte eines Frédéric Mistral. Er hat sich nur selten aus der Provence wegbewegt, das Dörfchen Maillane bleibt zeitlebens sein wichtigster Ankerpunkt. Ein stiller Ort, inmitten eines Spinnennetzes winziger Straßen, die in alle Himmelsrichtungen davonziehen, nach Saint-Rémy-de-Provence, Châteaurenard, Avignon und Tarascon. Weite Felder, behäbige Bauernhäuser, Traktoren, die langsam über die Äcker tuckern, Gästezimmer mit Familienanschluss, die Holztische in den Küchen sind groß.

Abends treffen sich die Männer im Café *Lou Soulèu* bei einem Pastis oder auch zwei. Für die Trauben kommt die viele Sonne grade recht, hört man, doch die Kartoffeln könnten etwas Regen vertragen. Und wie wird Olympique Marseille gegen Paris Saint-Germain abschneiden? Die müssen gewinnen, geht gar nicht anders. Die Stimmen werden laut, man streitet, debattiert, lacht. Frédéric Mistral ist ganz Ohr, ihm entgeht nichts. Auf einem Wandbild mitten im Lokal sieht man ihn sitzen: ein Mann mit Hut, elegant im Anzug, sein Hund zu seinen Füßen. Neben ihm zwei Freunde, Alphonse Daudet und – so vermutet man – Alphonse de Lamartine, im Hintergrund, fast wie ein Geist, seine Frau, Marie Rivière.

Ganz Maillane lebt mit Mistral, seine Spuren laufen wie Wegmarken durch das Dorf. Bilder in den Auslagen der Geschäfte, die Hinweise auf sein Wohnhaus, die Maison du Lézard, die Place Frédéric Mistral.

Das Mas du Juge, etwas außerhalb des Ortes an der Straße nach Saint-Rémy, ist heute in Privatbesitz. Der Blick auf die Fassade lässt nur erahnen, wie sehr Mistral an diesem Ort hing. Hier, in einem Gutshof, wird er 1830 geboren, hier wächst er auf, hierher kehrt er nach seinem Studium zurück. Als sein Vater stirbt, muss das Erbe aufgeteilt werden.

Frédéric verliert sein geliebtes *mas*. Mutter und Sohn über-
siedeln in die Maison du Lézard, das Haus der Eidechse: ein
behäbiges Anwesen im Zentrum von Maillane. Dicke Mauern, kleine Fenster, ein paar Schritte nur zur Kirche und
in die Cafés und Bars. »Glückliche Eidechse, trinke deine
Sonne«, liest man an der Hauswand. »Die Stunde vergeht so
schnell, und morgen könnte es regnen.« Hier leben die beiden
zwanzig Jahre lang zusammen. Erst Mistrals späte Verhei-
ratung mit Marie Rivière beendet die traute Zweisamkeit.
Die Eheleute bewohnen fortan eine Villa in der unmittelba-
ren Nachbarschaft. Der Sohn freilich richtet es so ein, dass
er von seinem Schlafzimmer aus, einer fast schon mönchisch
kargen Zelle, direkt zu seiner Mutter hinüberblickt.

Mistral hat sein Haus, das heute zum Museum geworden ist,
im provenzalischen Stil eingerichtet: mit den Böden und
Stoffen der Gegend, mit dunklen, glatt polierten Möbeln,
mit Porzellan, das ihn an seine Jugend erinnert. Hier hält er
Hof, hier empfängt er seine Gäste. Ganz selbstverständlich,
dass Madame Mistral ihres Gatten Anliegen mitträgt und
angehalten ist, die Küche der Provence zu pflegen. Die *Carbonnade provençale* soll zu des Dichters Lieblingsgerichten
gezählt haben.

Carbonnade provençale
Geschmorte Lammfleischscheiben mit Gemüse

Für 6 Personen:
2 dicke Scheiben Lammkeule aus dem breiteren Teil (1½ cm)
2 Knoblauchzehen
1 Zweig Rosmarin
150 g gesalzener Bauchspeck
1 Bund Frühlingszwiebeln
4 junge Rübchen

3 zarte Mohrrüben

3 Stangen Sellerie

3–4 Blätter Mangold

4 schöne Tomaten oder 2 El Tomaten-Coulis

0,4 l trockener Weißwein

1 Prise geriebene Muskatnuss

1 Schuss Olivenöl

Salz und Pfeffer

als Beilage:

12 kleine violette Artischocken

1 Zitrone

1 kg frisch enthülste weiße Bohnen

1 Knoblauchzehe

1 Bouquet garni (ein Sträußchen gemischter Kräuter)

Knoblauch schälen, dünn schneiden und eine der beiden Fleisch-scheiben damit belegen. Rosmarinblättchen darüber verteilen. Mit der zweiten Fleischscheibe bedecken, das Ganze auf eine eingeölte Platte oder einen großen Teller legen. Den Speck ab-spülen, trocken tupfen und in kleine Würfel schneiden.

Das Gemüse putzen, schälen, abspülen und trocken tupfen. Frühlingszwiebeln nicht zerkleinern, Rübchen und Mohrrüben vierteln, Sellerie und Mangold von den zähen Teilen befreien, in Stücke schneiden, Tomaten in Viertel schneiden – sofern Sie kein Tomaten-Coulis verwenden –, die Kerne ausdrücken. To-maten abtropfen lassen.

Etwas Öl in einem schweren Schmortopf verteilen; er muss groß genug sein, um den beiden Fleischscheiben nebenein-ander Platz zu bieten. Auf dem Herd bei hoher Temperatur er-hitzen. Die Speckwürfel hineingeben, unter gelegentlichem Rühren Farbe annehmen lassen, mit einem Schaumlöffel herausnehmen. Die Lammfleischscheiben in den Schmortopf geben – aromatisierte Seite nach oben – und 3 Minuten anbra-ten. Das Fleisch wenden, Hitze herunterschalten. Speckwürfel wieder in den Topf geben und kurz mitbraten lassen. Gemüse, außer Frühlingszwiebeln und Tomaten, zugeben. Die Fleischscheiben nochmals wenden. Speckwürfel und Gemüse Farbe annehmen lassen. Nach 7 bis 8 Minuten Garzeit Frühlingszwiebeln sowie Tomaten bzw. den Tomaten-Coulis und etwas Olivenöl zugeben und gut umrühren. Den Weißwein zugießen. Mit Muskatnuss, Pfeffer und wenig Salz würzen. Topf fest verschließen. Den Herd auf die niedrigste Temperatur schalten, das Ganze 1 ¼ bis 2 Stunden schmoren lassen.

In der Zwischenzeit die Artischocken zubereiten: Die oberen Blattspitzen abschneiden; Artischocken in etwas Wasser mit Öl, Zitronensaft, Salz und Pfeffer garen. Ebenso die Bohnen, Knoblauch und ein Bouquet garni in etwas Wasser garen.

Die Carbonnade im Schmortopf auftragen.

Frédéric Mistral erhält 1904 den Nobelpreis. Eine Ehrung nicht nur für den Dichter, eine Ehrung für alle Provenzalen. Mit dem Preisgeld aus Stockholm erfüllt sich Mistral einen lang gehegten Wunsch. Er lässt die Sammlungen des von ihm mitbegründeten Museon Arlaten, einem ethnographischen Museum, weiter aufstocken, um hier der Provence und ihrer Kultur ein Denkmal zu setzen. Das Hôtel de Laval-Castellane, dessen Fundamente bis in die Zeit der Römer zurückreichen, wird zu seinem Vermächtnis: sein *Panthéon de Provence*. Inmitten der Kostüme, Bilder und Möbel, der ausgestopften Hunde und Kröten, das Chambre Frédéric Mistral. Hier geht man vor dem edlen Stifter in die Knie. Eine Wiege wird zum Altar, ebenjene *crèche* aus Holz, in der Baby Frédéric dereinst gelegen hat. Die Haare des Poeten verwahrt man in einem Reliquienschrein.

Und überhaupt: Frédéric Mistral ist omnipräsent. Straßen und Plätze sind nach ihm benannt, desgleichen Stoffgeschäfte, Rosen und Campingplätze. Auf einem Monumentalgemälde von Joseph Belon aus dem Jahre 1909 sieht man den Dichter stehen: ein älterer Herr in Anzug und Hut, von einer der Tribünen der Arena von Arles aus huldvoll in die Menge winkend. Die Geste eines Imperators. Man feiert seine *Mireille*, sie ist fünfzig Jahre alt geworden. Vor allem aber feiert man ihn, ihren Schöpfer.

An seinem Nachruhm hat Frédéric Mistral kräftig mitgebastelt. Sein Grabmal am Friedhof von Maillane spricht des Dichters Sprache. Noch zu Lebzeiten hat er sich ein Mausoleum bauen lassen: ein imposantes Grabhaus, getreues Abbild des Pavillon de la Reine Jeanne in Les Baux. Monsieur weiß, was er sich und seinem Erbe schuldig ist. An jenem sechseckigen Grabhaus, das an die Tempel der Renaissance gemahnt, treffen sich alljährlich die *Félibres* von heute. Immer an seinem Todestag, dem 25. März.

Von seiner letzten Ruhestätte aus folgen die Blicke den einstigen Wegen des Dichters: nach Saint-Rémy-de-Provence, hinauf zu den Alpilles und weiter nach Les Baux, das sich auf der anderen Seite der Bergkette an die Felsen duckt. Dämmerung legt sich übers Land. Nichts zu hören, nur das Zirpen der Zikaden und der Schrei eines Käuzchens. Und irgendwo weit hinten das Lachen der Troubadoure.

Wo das Salz blüht
Niemandes Land: Die Camargue

Allein die *sauniers* haben es immer schon gewusst: Die *Fleur de Sel* ist der feinste Teil des Salzes, ihre Blume. Sie zu finden scheint nicht einfach, man muss erkennen, wann und wo man nach ihr sucht: An jenen Sommermorgen, da die Luft kühl und die Sonne klar ist und leichte Winde übers Land ziehen, glitzert es auf dem Wasserbecken südlich von Aigues-Mortes. Eine dünne Salzschicht treibt dann am Rand der Bassins. Das ist sie, die *Fleur de Sel*, der Schatz der Salinenarbeiter: feine Kristalle, mild und fragil, die sich über Nacht gebildet haben. Sie zerbrechen mit einem leichten Krachen am Gaumen und schmelzen dann auf der Zunge. In ihnen steckt der ganze Geschmack des Meeres. Ein paar Körnchen dieses Salzes auf einer Tomate, auf einem wachsweichen Ei, auf gebratenem grünem Spargel: welch kulinarisches Vergnügen.

Lange Zeit blieb das Geheimnis der *Fleur de Sel* unter den Händen der *sauniers* verborgen. Die Männer, die in der Saline von Aigues-Mortes mit der Produktion und Ernte des Meersalzes beschäftigt waren, hüteten es. Mit hölzernen Schaufeln, vorsichtig und in Handarbeit, wurden die Salzblumen abgeschöpft, keine durfte verloren gehen, jede von ihnen eine Kostbarkeit, die sie für sich und ihre Familien abzweigten. Ein Geschenk des Meeres, nur für sie. Bis vor gut zwanzig Jahren die Gourmets die *Fleur de Sel* für sich entdeckten. Seither lassen auch sie sich die kleinen Kristalle auf der Zunge zergehen. Die Kunde von den wundersamen Salzblumen der Camargue ist längst durch alle Lande gezogen.

Zwischen dreihundert- und dreihundertfünfzigtausend Tonnen Meersalz werden Jahr für Jahr in der Saline von Aigues-Mortes gewonnen, nur gut dreihundert Tonnen davon sind *Fleur de Sel.* Man verkauft es teuer. Jede der runden Dosen ist mit einer Banderole verschlossen, darauf der Name des *sauniers,* der das Salz geerntet hat: Patrick Ferdier, Dominique Urbe oder Claude Chacornac. Eine Verneigung vor einem alten Handwerk und den Menschen, die es weitertragen.

Die Camargue, die Mündung der Rhône. »Ein Delta, Schuttabladeplatz eines Flusses, sein Schlafplatz«, so Jean Giono. »Bis dahin war er ein schnell fließender Strom, für Metaphysik blieb ihm keine Zeit, er lebte. In diesem Delta geht es mit ihm zu Ende, er wird sich im Meer verlieren, dagegen sträubt er sich. Er wird träge, schlendert, teilt sich, rollt sich in sich selbst zusammen; er käut wieder, er zögert, er zieht Bilanz; was er bis hierher mitgebracht hat, nimmt er sich nun vor, mischt es durcheinander, zersetzt es und ist darauf stolz. Was er an seinen Ufern mitgerissen hat, verwandelt er in Schlick, in Humus und in Sand. Was er getötet hat, versucht er wiederzubeleben; was in ihm gestorben ist, erweckt er zum Leben. Das Korn, das er ungestüm davongetragen hat, umhegt er, brütet es aus und lässt es aufbrechen.«
Wo sich der Boden immer weiter ins Meer schob, schlugen die Wellen zurück. Schlick, Sumpf und Salzmarsch suchten einander zu verdrängen und sich ihr Terrain zurückzuholen. In einem nicht enden wollenden Kampf entstand eine Gegend von eigenwilliger, fragiler Schönheit: nicht Wasser, nicht Land, ein rauer Paradiesgarten für seltene Pflanzen und Tiere, für Salicornia, Tamarisken und Asphodelen, für Bienenfresser, Taschenkrebse und Flamingos. Lange Zeit blieben sie ungestört. Bis man im Mittelalter damit begann, die Ufer der Rhône zu befestigen. Jäger und Fischer fanden reiche Beute, Bauern siedelten sich an und trotzten der Ödnis Äcker und Felder ab. Ihr Vieh graste auf kargen Weiden,

gewöhnte sich an den Sand zwischen den Hufen und das Salz in den Gräsern und Kräutern.

Aigues-Mortes – tote Wasser, *Bac du Sauvage* – Becken der Wildnis. Die Namen der Landstriche erzählen vom Leben in der Camargue. Auf eben jenes Küstenstück, das man Aigues-Mortes nennt, fällt im 13. Jahrhundert der Blick des französischen Königs. Ludwig IX., der Heilige, sucht einen Zugang zum Mittelmeer, um von hier aus gen Jerusalem in See zu stechen. Ein Kreuzzug soll der Christenwelt zu ihrem Recht verhelfen. Da Ludwig im Süden Frankreichs kein Land besitzt, kauft er den Mönchen von Psalmodi einen Teil der Camargue ab. Wenig später bekommen die königlichen Baumeister einen Großauftrag: Sie mögen ihm einen Hafen bauen. Die Stadt Aigues-Mortes entsteht am Reißbrett und sitzt schließlich als wehrhaftes Fort in der sumpfigen Lagune. Kaufleute, Matrosen und Seefahrer treffen auf Einsiedler und Mönche. Schon im 8. Jahrhundert ist die frühere römische Saline des Peccius von den Patres der Abtei Psalmodi und den Herren von Uzès und Aimargues betrieben worden. Nun, da der Hafen nahe ist, werden auch die Salzgärten größer. Ihre Besitzer wechseln häufig, Salz ist ein begehrtes Gut. Bis 1856 die »Compagnie des Salins du Midi« gegründet wird, deren Nachfolgerin auch die Salinen von Aigues-Mortes und Salin-de-Giraud in der östlichen Camargue betreibt.

Die Methode der Salzgewinnung ist die gleiche wie ehedem. Im Frühjahr wird Meerwasser langsam durch eine Reihe künstlich angelegter, flacher Becken geleitet. Wind, Sonne und Verdunstung lassen den Salzgehalt im Wasser weiter ansteigen. Es fließt von einem Bassin ins nächste, eine Reise, die bis zu sechs Monaten dauern kann. Wenn das Wasser in den *tables salantes* angelangt ist, wie die letzten Becken heißen, ist die Sole stark mit Salz gesättigt: In einem Liter Flüssigkeit stecken inzwischen zweihundertsechzig Gramm Salz. Es beginnt nun zu kristallisieren und sich am Boden

abzusetzen. Im September wird die verbliebene Sole abge-
lassen, das Salz geerntet, getrocknet und zu weißen Bergen
aufgetürmt. Die höchsten Erhebungen in der endlosen
Ebene der Camargue. Das Sonnenlicht bricht sich in den
Kristallen und bringt sie zum Leuchten. Eisberge mitten im
Süden.

Loup de mer en crôute de sel
Seewolf in Salzkruste

Für 2 Personen:
1 Seewolf, ca. 600 g
frische Kräuter nach Belieben

Salzteig
1½ kg grobes Meersalz
2 Eiweiß
75–100 ml Wasser

Den Seewolf ausnehmen, aber nicht schuppen. Für den Salzteig das Salz mit dem Eiweiß mischen und langsam das Wasser
einrühren. 2 Minuten rühren, dann kurz ruhen lassen.
Den Backofen auf 220° C vorheizen. Das Backblech mit Alufolie auskleiden und in Fischkontur mit einer dicken Schicht Salzteig bedecken. Den Fisch darauf betten, Kräuter in die Bauch-
tasche füllen und den Fisch mit dem Salzteig abdecken. Im
vorgeheizten Ofen ca. 15 Minuten backen, bis die Salzkruste
goldbraun geworden ist. Die Salzkruste vorsichtig aufschlagen
und lösen, zusammen mit der Haut, die ebenfalls vor dem Ge-
nuss des Fisches gelöst werden muss.

Cachat au salade de melon
Melonen-Trauben-Salat

Für 4–5 Personen:
250 g Ziegenkäse
2 El bestes kalt gepresstes Olivenöl
1 kräftiger Schuss Marc de Provence (ersatzweise Cognac)
2 El frische gehackte Kräuter (Oregano, Thymian oder Basilikum)
Pfeffer
1 kleine reife, aber noch feste Honigmelone
150–200 ml Muscat de Baume de Venise oder ein anderer gehaltvoller Dessertwein
200 g möglichst große blaue Trauben
Zitronensaft

Ziegenkäse in kleinere Würfel schneiden und in eine Schüssel geben. Olivenöl und Marc de Provence darübergießen. Kräuter waschen, die Blättchen abzupfen und klein hacken. Einen kleinen Teil der Kräuter zum Garnieren aufheben, den Rest über den Käse streuen. Mit Pfeffer würzen, leicht durchmengen, mit Klarsichtfolie abdecken und mindestens 3 Stunden kühl ziehen lassen – besser noch länger.

Die Melone aufschneiden, Kerne entfernen, das Fruchtfleisch mit einem Kugelausstecher herauslösen. Melonenkugeln in eine Schüssel geben, mit dem Dessertwein übergießen, mit Klarsichtfolie abdecken und im Kühlschrank 2–3 Stunden ziehen lassen.

Weintrauben waschen, nach Wunsch schälen und halbieren. Schnittflächen mit etwas Zitronensaft beträufeln und kurz ziehen lassen. Marinierte Melonenkugeln und Weintrauben miteinander vermengen, portionsweise oder auf einer Platte anrichten. Den Ziegenkäse in der Mitte aufhäufen, mit den zurückbehaltenen Kräutern bestreuen und mit Baguette servieren.

Ein Bagger kraxelt über die Salzberge. An ihrem Fuß warten Laster. Nach und nach verschwindet die Ernte in den Fabrikhallen und verlässt sie in Schachteln und Säcke verpackt. Sie werden gleich verladen. Das Gelände der Saline ist riesig, fast elftausend Hektar groß, eine flache Ebene vor den Toren von Aigues-Mortes. Der frühere Hafen ist längst versandet, die Stadt ein Museum, eines der am besten erhaltenen Exempel mittelalterlicher Lebens- und Baukunst des südlichen Frankreich. Vor den befestigten Mauern ein rosa schimmernder Teich, daran anschließend die Saline. Ein Dutzend der etwa zweihundert Beschäftigten arbeitet unter freiem Himmel. Die zwölf *sauniers* begleiten das Meerwasser über Monate hinweg, bis zu achtzig Kilometer lang. Weite Wege. Der Salzgehalt und die Qualität des Wassers müssen laufend geprüft, Schleusen geöffnet und Pumpen in Gang gesetzt werden. Alles fließt, eine langsame Bewegung ohne Ende. Auch Christophe Mezy hat zwanzig Jahre hier seine Runden gedreht. *Saunier* zu sein sei ein schöner Beruf, meint er, schön, aber schwierig. Oft genug habe er unruhig geschlafen, gerade im Frühjahr und Sommer, wenn die Ernte in den Händen des Wetters liegt. Zu viel Regen, aber auch Wind und Unwetter gefährden sie. Da muss man auf der Hut sein und des Nachts schnell in seinen Kleidern. Gut, wenn man nahe der Saline wohnt, denn in solchen Nächten gilt es zuzusehen, dass nicht zu viel Süßwasser in die Becken gelangt und sich mit der konzentrierten Sole vermischt. Oft genug, erinnert sich Christophe, sei er zu nachtschlafener Stunde im Sturm gestanden, um die Schleusen zu öffnen und das Regenwasser abzulassen. Harte Arbeit. Das Auftauchen der *Fleur de Sel* wird da zum zusätzlichen Lohn. Jedes Jahr wieder eine Freude, es vorsichtig abzuschöpfen wie den Rahm von der Milch.

Wie sehen die Wolken heute aus? Wird es ruhig bleiben? Oder liegt doch ein Gewitter in der Luft? Intuition und Erfahrung seien wichtig, bestätigt Christophe, das könne man nicht lernen. Wer es mit der Natur aufnimmt, hat ohnehin ordentlich zu tun. Christophe lacht. Doch alles nichts gegen das, was einem *razeteur* so alles blühen kann. Nun kommt ein Leuchten in seine Augen, sein Körper richtet sich auf. Der Stierkampf, das sei lange Zeit sein wirkliches Leben gewesen, erzählt er, die *course camarguaise*, auch *course provençale* genannt, die unblutige Schwester der spanischen *corrida*: Der Stier darf am Leben bleiben, das Spiel ist wichtiger als sein Tod. Ihm die Kokarden, Quasten und Schnüre vom Kopf zu reißen, die zwischen seinen Hörnern gespannt sind, ist das Ziel des *razeteur*. Ganz in Weiß gekleidet und allein mit einer eisernen Kralle bewaffnet, kämpft er um Trophäen und Geld. Fünfzehn Minuten hat er dafür Zeit. Ungefährlich ist das nicht. Das weiß auch Christophe Mezy. Zweimal hat er sich das Bein gebrochen, einmal haben ihn die Hörner des Stiers verletzt. Und doch hat er sich wieder und wieder in die Arena gestürzt, in Arles, Nîmes, Châteaurenard oder Beaucaire. Die Passion liegt ihm im Blut, sie steckt im Herzen und im Bauch. Schon seine Mutter hat den Stierkampf geliebt – und sich geärgert, dass Frauen es nicht mit dem Stier aufnehmen durften. Beide Söhne sind *razeteurs* geworden. Christophe hat Familie, eine Frau und ein Töchterchen. *On va voir*, man wird sehen, wie es nun weitergeht.

Auch im Süden Frankreichs gibt es die *corrida*. Christophe ist gespalten. Er liebt die *course provençale* – und bricht doch eine Lanze für den blutigen Kampf. In Christophe lebt auch der Züchter, der sich um sein Fortkommen sorgt: Man brauche beides, meint er, denn sonst würden auch die Stierherden aus der Camargue verschwinden und die Ställe leer bleiben. Nicht ganz vielleicht, möchte man dagegenhalten, ein paar Tiere würde man wohl noch für die Touristen halten, wie im Zoo. Schlanker Körper und Kopf, das Fell dunkelfarbig, braun bis schwarz, mit einer Schulterhöhe von 1,30 bis 1,50 Meter: Der Camargue-Stier ist kleiner und wendiger als sein spanischer Bruder, seine Hörner erinnern an eine Lyra. Ihn als Hoftier zu halten gelingt nur selten, er lebt in Herden, den *manades*, ähnlich wie die berühmten halbwilden Pferde der Camargue. Gedrungen auch sie, robust und freiheitsliebend. Viele von ihnen werden von den Rinderhirten geritten, um die Herden zusammenzuhalten, andere von den *razeteurs*, wenn sie die Stiere durch die Städte in die Arena treiben.

Der Stier, die weißen Pferde, die Flamingos, dazu die Hirten, die Zigeuner in ihren Planwagen, die Wallfahrt nach Les-Saintes-Maries-de-la-Mer. Die Camargue und ihre Klischees: Abende am Lagerfeuer, Fische und Vögel auf dem Grill, die Klänge der Gitarren, Ausritte durch karstige Steppen- und Flusslandschaften, in denen noch Reiher brüten. Wildnis, zur Kulisse erstarrt. Seit dem Bau der großen Deiche im 19. Jahrhundert ist auch das uralte Gespräch zwischen Süß- und Salzwasser abgebrochen. Das Meer schien endlich bezähmt, das Land befriedet. Es verwandelte sich in eine Wüste, wurde trocken, verkrustet, öde. Bis sich die Ingenieure neuerlich an die Arbeit machten. Ein Netz mit Flüssen, Kanälen und Teichen, den *étangs*, drängt die Steppe zurück, Fluss- und Regenwasser lassen neue Äcker, Weingärten und Reisfelder entstehen. Eine künstliche Landschaft, als Nationalpark geschützt.

Die Touristen kommen. Sitzen in den früheren Hirtenhütten aus Schilfrohr, haben sich die einstigen Schafställe komfortabel ausbauen lassen, belagern die Ställe der *mas*, um auf ihre geführten Ausritte zu warten. Die weißen Häuser von Les-Saintes-Maries-de-la-Mer trotzen dem *marin*, der vom Meer gen Land jagt. Die Kirche, über einer Quelle erbaut, wird zur wehrhaften Burg. Steinblöcke wachsen zu dicken Mauern zusammen und steigen steil nach oben, ein mächtiges Tonnengewölbe sperrt Regen und Stürme aus. Eine

Kirche wie eine Höhle, ein Schlupfloch. Hier ist man sicher, mit einem Dach über dem Kopf, einer Handvoll Wasser gegen den Durst, den beiden Marien als Trost. In rosa- und türkisfarbenen Gewändern stehen sie in ihrer hölzernen Barke und lächeln. Vor ihnen geht man in die Knie.

Dereinst, so will es eine der vielen Legenden, habe man Maria Jakobäa, Mutter des heiligen Jakobus des Jüngeren, und Maria Salome, Mutter des heiligen Johannes und des Jakobus des Älteren, der in Santiago de Compostela verehrt wird, gefangen genommen und auf ein Schiff gebracht. Zusammen mit etlichen anderen Verfolgten hat man sie dem Meer überlassen, auf einem Boot ohne Segel. Gottes schützende Hand ließ sie sicher über die See treiben und in der Camargue ankern. Die beiden dankten dem Herrn und stifteten zu seinen Ehren einen Altar. An dessen Stelle errichtete man später die erste Kirche. Dass unter ihren Fundamenten auch die Gebeine der beiden Marien beerdigt wurden, weiß man erst seit 1448. Damals gab König René von Anjou den Auftrag, nach möglichen Reliquien der Damen zu suchen. Und siehe da: In ebenjenen Tagen, da der Handel mit Schlüsselbeinen, Kieferknochen oder Stimmbändern von Heiligen blühte, wurden auch die Gebeine der beiden Heiligen gefunden und in einem Schrein neu bestattet.

Entdeckt hat man dabei aber auch die Überreste ihrer Dienerin, Sara, Schutzpatronin der Zigeuner. In der Krypta der Kirche wird ihr gehuldigt: Scheuen, fast ängstlichen Blickes sieht sie in die Runde, eine Frau mit dunkler Haut, eine Perlenkrone auf dem schwarzen Haar, der schmale Körper in prächtige Roben gehüllt. Ihr Kleiderschrank ist groß: Roma-Familien stiften die Gewänder, eine Ehre für jede von ihnen. Kerzen brennen Tag und Nacht, ein hölzerner Behälter sammelt Briefe mit Bitten, Votivtafeln beschwören die Gnade der Heiligen.

Es ist düster hier unten, auch stickig. Der Ruß der Kerzen hat die Wände geschwärzt. Allein die Augen der Sara lächeln.

Sie blicken nach innen. Einmal im Jahr, am 24. Mai, hat auch
Sara Ausgang. Man trägt sie an den Strand und ein Stück
weit in jene Wellen, denen sie dereinst entstiegen sein soll:
die Wallfahrt der Zigeuner, ein Volksfest, nicht nur für Roma,
die mit Autos, Bussen und Wohnwagen aus allen Teilen
Europas nach Les-Saintes-Maries-de-la-Mer gereist sind,
um Sara in ihre Arme zu schließen. Am folgenden Morgen,
dem Festtag der Maria Jakobäa, ein ähnliches Ritual, diesmal für die zwei Marien in ihrer Barke. Ende Oktober,
wenn der Maria Salome gedacht wird, ein dritter Ausflug
ans Wasser. Noch einmal Sonne und Wärme und dann zurück in die Höhle. Nun können die Winterwochen kommen
und mit ihnen die Stürme, die Nebel, der graue Himmel.

Ein schmaler Fluss. Der Stumpf einer Erle ragt aus dem
Wasser. Ein schwarzes Zeichen, wie von einem chinesischen
Maler gepinselt. Ein Pferd grast am Ufer. Nichts zu hören.
Dann ein schneller Flügelschlag, ein Reiher. Er lässt sich
auf dem Rücken des Pferdes nieder, steckt seinen Kopf ins
Gefieder, schläft. Wolken hängen wie festgenagelt am Him-
mel. Das Pferd geht seines Weges, nimmt den Gefährten
mit. *Nature morte, tableaux vivants.* Das Salz blüht.

Schiff ohne Anker
Der Horizont bleibt weit: Marseille

»Marseille ist kein ruhiger Ort, Marseille war immer schon eine Stadt der Rebellen und Pioniere. Und so ist es bis heute geblieben.« Philippe Foulquié weiß, wovon er spricht. Er ist selbst ein Rebell. Oft genug hat er den Aufstand geprobt, auf der Bühne, vor und hinter dem Vorhang. Philippe Foulquié ist Theaterdirektor voller Leidenschaft und seit 1992 einer der Leiter von *La Friche la Belle de Mai*, einem der spannendsten Kulturzentren von Marseille. Die Arbeit in einer widerständigen Stadt, das interessiere ihn, erklärt er. An ihr kann er sich reiben, mit ihr kommt er an kein Ende. Die Herausforderung bleibt.

Marseille hat sich nie unterkriegen lassen. Man hat sich gewehrt gegen die Obrigkeit und deren Direktiven, gegen Paris und die Gesetze der Könige, gegen den Ruf, nicht viel mehr zu sein als eine schäbige, schmutzige Hafenstadt. »Keine Stadt für Touristen«, wie auch der Autor Jean-Claude Izzo in seinem Krimi *Total Cheops* schreibt. »Es gibt dort nichts zu sehen. Ihre Schönheit lässt sich nicht fotografieren. Sie teilt sich mit. Hier muss man Partei ergreifen. Sich engagieren. Dafür oder dagegen sein. Leidenschaftlich sein. Erst dann wird sichtbar, was es zu sehen gibt.« Marseille hat seinen eigenen Kopf. Es trägt ihn hoch.

La friche, die Brache, ein Stück Land ohne Nutzung, ein Haus ohne Hüter. Auch die einstige Tabakfabrik im Viertel La Belle de Mai war so ein Ort: zwischen 1862 und 1868 erbaut, mit Arbeitsplätzen für eintausenddreihundert Männer und Frauen. Die Fabrik wurde 1990 geschlossen. Ein abgetakelter Industriedampfer schlingerte dahin, leer und ohne Richtung. Bis man ihn zwei Jahre später stürmte und kaperte. Die Gaukler kamen, die Schauspieler, Tänzer und Musiker. Das Schiff segelte neuerlich los und zog von der Rue Jobin aus durch die ganze Stadt.

La Belle de Mai, ein Arbeiterbezirk im Nordwesten von Marseille. Eine Gegend, die ungezählte Gewerkschafter und kämpferische Kommunisten hervorgebracht hat. Um den Boulevard de la Révolution ist jede Straße nach einem Helden des Sozialismus benannt. Unweit des Bahnhofs St. Charles entstand im 19. Jahrhundert eine Reihe von Fabriken – und mit ihnen ein neuer, stetig wachsender Stadtteil. Die Industrie ist längst weggezogen, geblieben sind schmale einstöckige Häuser neben Plattenbauten und Abbruchobjekten, ein paar Autowerkstätten, Schneidereien, Obstgeschäfte. Das *Café Moderne* hat bessere Zeiten gesehen. Vor dem MATB, dem Maritime and Transit Board, sitzen Männer auf der Straße und warten.

Auch La Friche ist kein Gebäude, das nach Wohlstand riecht. Der Putz blättert von den Wänden, viele der Fenster haben Sprünge. Doch der Ort lebt. Graffiti an den Mauern, ein Skatepark im Hof, bunte Container neben den Backsteinbauten. Kinder jagen durch die Gänge, Jugendliche rappen durch den Hof, bekommen von den Vorbeiziehenden spontanen Applaus. Fast siebzig Kulturinitiativen haben sich in den ehemaligen Produktions- und Lagerhallen niedergelassen, Theatergruppen, Tanzkompanien, Filmleute, Maler und Bildhauer. In La Friche haben sie ihre Ateliers und Studios, ihre Bühnen und Auftrittsorte. Das Stadtradio *Grenouille* sendet von hier aus sein Programm, in einem der Studios wird die erfolgreiche französische Fernsehserie *Plus belle la vie* gedreht. Ein riesiges Café-Restaurant macht Publikum, Künstler und Organisatoren satt und glücklich: Fischsuppe, Quiche Lorraine, ein Salat mit Ziegenkäse. Ein Lokal wie ein riesiges Wohnzimmer: Hier trifft man sich, isst, diskutiert, hier wird regelmäßig getanzt. Viele kennen sich. Wer neu dazustößt, findet schnell seinen Platz.

Bis zu fünfhundert Leute sind in La Friche beschäftigt. Eine Stadt in der Stadt, für Alte und Junge, für Menschen aller Hautfarben, für alle Schichten. Philippe Foulquié war von Anfang an dabei. Er hat die Bewegung initiiert, war einer der Ersten, der mit seinem Marionettentheater *Massalia* in die stillgelegte Fabrik zog. Kultur erschließt sich ein verlassenes Terrain, so sein Credo, und besiedelt es neu. Vieles ist möglich, was andernorts keinen Platz hat. Und: Jeder darf an Bord, mit all seinen Möglichkeiten des Ausdrucks. Für viele europäische Initiativen ist La Friche zum Modell geworden. Dass der Bürgermeister und die Beamten von Marseille den neuen Plänen zugänglich waren, war ein Glücksfall: Man ließ die *frichistes* gewähren, hat mit der *Seita*, dem damaligen Tabakmonopol, der Besitzerin der Fabrik, verhandelt und das Gelände schließlich gekauft. Politische Versuche, Kultur in den Alltag zu holen, um sie dort lebbar und erlebbar zu machen, für La Belle de Mai und die ganze Stadt.

Marseille steht nicht still. Das Meer und die Weite des Horizonts öffnen den Blick. Der Hafen ist eine Schwingtür, die nach beiden Richtungen weit aufgeht: ein Tor zum Orient, die Passage Richtung Norden. Menschen kommen und gehen. Immigranten aus dem Maghreb, Einwanderer aus den ehemaligen Kolonien, repatriierte Franzosen, Flüchtlinge aus Armenien und Indochina. Von hier aus stach man in See, um die Welt zu erkunden, von hier aus brachte man sich während des Zweiten Weltkriegs vor der Verfolgung in Sicherheit. »Ich trank, meinen Handkoffer zwischen die Beine geklemmt, einen Kaffee im Stehen«, heißt es in Anna Seghers Roman *Transit.* »Ich hörte um mich herum ein Gerede, als stünde die Theke, vor der ich trank, zwischen zwei Pfeilern des Turmes von Babel. Dort schlugen beständig einzelne Worte an mein Ohr, die schließlich auch ich ver-

stand, in einem bestimmten Rhythmus, als sollten sie mir
eingeprägt werden: Cuba-Visa und Martinique, Oran und
Portugal, Siam und Casablanca, Transit und Dreimeilen-
zone.«

Sprachen, Kulturen, Lebensweisen. Marseille kennt sie alle.
Das Mittelmeer hat zwei Küsten, das weiß man hier besser
als anderswo. Man blickt hinüber nach Tunesien, Marokko
und Algerien, man spürt das Fremde in der eigenen Stadt.
Man begegnet ihm auf Schritt und Tritt. Der Friseur von
nebenan – *prix doux* – kommt aus der Gegend von Fez, der
Schuster aus dem Atlasgebirge. Der Gemüsehändler mit
dem frischesten Zitronengras, dem Thai-Basilikum und den
Papayas stammt aus einem Dorf nahe Phnom Phen. Die
Musik aus dem kleinen CD-Laden in der Rue des Trois
Mages lässt die Passanten tänzeln. Rhythmus und Stimmen
klingen nach Afrika.

Zwischen Rue d'Aix und Boulevard d'Athènes unweit der
Flaniermeile La Canebière wohnt der Orient. Mitten im
Zentrum ein Basar. Vor der Bar *La Française* sitzen Män-
ner in Dschellabahs und Fes, *Thé à la menthe* statt Pastis. Ein
Schwatz, dann Schweigen. Verschleierte Frauen tragen ihre
Einkaufstaschen nach Hause, die Kinder im Schlepptau. Ein
Laden neben dem anderen, man handelt mit Lebensmitteln,
billigen Telefontarifen, Kleidern. In den Auslagen Stoffe
wie aus Tausendundeiner Nacht: in Grün, Gelb und Türkis,
mit Pailletten, Perlen und Strass besetzt, Organza, Voile,
Seide. In der *Patisserie Orientale Le Rif* liegen Süßigkeiten
aus Honig und Blätterteig. Der Duft des Rosenwassers
vermischt sich mit den Gerüchen des Souks: Kardamon,
Kreuzkümmel und Zimt. Ein Haus weiter die dazugehöri-
gen Küchengeräte, Dampfgarer, Kaffeemaschinen, Kitchen-
Aid, alles bereit für den Export. Am neuen Hafen ankern die
Fähren nach Korsika, aber auch Marokko und Tunesien.
Der Handel zwischen Marseille und dem Norden Afrikas
blüht. Frankreich gilt immer noch als das Gelobte Land,

hier scheint das Glück zu Hause. Die ungezählten Läden mit den Koffern wissen davon zu erzählen: große Koffer und kleine, Reisetaschen, Rucksäcke in allen Farben und Ausführungen. Sie werden verschifft und in Afrika an Auswanderer verkauft. Oder in die Züge verladen, die von der nahe gelegenen Gare St. Charles nordwärts ziehen.

Marseille war immer schon eine Hochburg der *Front National*. Unter ihren Anhängern auch viele der frisch eingebürgerten Ausländer. Etliche von ihnen schauen scheelen Blickes gen Hafen und Bahnhof: Es sollen nicht noch mehr Neulinge nach Marseille drängen, fordern sie. Der Letzte macht die Türe zu. Doch daran hält sich niemand.

Der neue Hafen von Marseille liegt im Südwesten der Stadt. Ein Mastodont, dessen Rüssel ins Meer greift. Zehn Kilometer lang ist der Hafen, über vierzig Kilometer Kais. Industriecontainer, Lagerhallen, Büros. Der Puls der Stadt. Ihr Herz aber schlägt im Vieux Port. Eine Bucht, bewacht von den Forts St.-Nicolas und St.-Jean, beschützt von der Kathedrale Notre-Dame-de-la-Garde, umschlossen von Häusermassen, die an drei Seiten die Hügel hinaufziehen. Der alte Hafen, ein fast schon verschlafener Ort: Hier lagern die Jachten, hier laufen des Morgens die Fischer mit ihren Booten ein, um am Quai de la Fraternité ihre Waren auszubreiten. Hausfrauen und Köche begutachten Drachenkopf, Seeteufel und Knurrhahn und lassen sich dann im Café *OM* nieder, das nach der legendären Fußballmannschaft Olympique Marseille benannt ist. Ein Glas Rosé und einen *Grand crème* später ziehen sie zum Markt in der Rue Longue des Capucins weiter. Dort quellen die Stände über mit Tomaten, Karotten, Knoblauchzöpfen. Kein Lokal im Vieux Port, das die Boullabaisse nicht anbietet. Jedes von ihnen hat sein eigenes Rezept.

Bouillabaisse
Marseilleser Fischtopf

Für 6 Personen:
8 kg frische Mittelmeerfische (Drachenkopf und mindestens
6 verschiedene Arten: Petermännchen, Seeteufel, Knurrhahn,
Wittling, Seewolf, Petersfisch, eventuell Taschenkrebs und
Languste)
2 große Zwiebeln
12 El Olivenöl
4 Tomaten
1 Bouquet garni
1 Streifen unbehandelte Orangenschale
4 Knoblauchzehen, zerdrückt
1 g Safranfäden
Salz und Pfeffer aus der Mühle
Bauernbrot in Scheiben, geröstet (je 1½ cm)
750 g Kartoffeln (nach Belieben)

Fische und Krebse küchenfertig vorbereiten. Die Fische mit
festem Fleisch (Drachenkopf, Petermännchen, Seeteufel,
Knurrhahn, Taschenkrebs und Languste) von den anderen mit
dem zarten Fleisch (Wittling, Seewolf, Petersfisch) trennen.
Zwiebeln schälen und fein hacken, in einem großen Topf in 8 El
Olivenöl andünsten, aber nicht bräunen. Die Tomaten enthäu-
ten und würfeln, zu den Zwiebeln geben, dann Bouquet garni,
Orangenschale, Knoblauch und Safranfäden zufügen. Salzen
und pfeffern.
Erst den Krebs, dann die Fische mit festerem Fleisch auf das
Gemüse betten, mit dem restlichen Olivenöl übergießen. 10 Mi-
nuten ziehen lassen, dann mit kochendem Wasser vorsichtig
aufgießen, sodass die Fische bedeckt sind, abschmecken.
Rasch zum Kochen bringen. 5 Minuten kräftig köcheln, dann

die Fische mit zartem Fleisch hinzufügen und weitere 5–7 Minuten lebhaft kochen lassen. Eine gute Bouillabaisse sollte 10–15 Minuten stark kochen, damit das Öl und die Brühe sich binden.

In jeden Teller eine Scheibe Bauernbrot legen und mit der Fischbrühe übergießen. Krebse, Fische und die *rouille* getrennt dazu reichen.

Wer mag, kann Kartoffelviertel über das Gemüse schichten und mit den Fischen zusammen garen.

Rouille
Scharfe Paprikasauce

2 reife rote Paprikaschoten
5 Knoblauchzehen
1 kleine rote Chilischote
1 g Safranfäden
1 Tl Meersalz
1 große mehlige Kartoffel, in der Schale gekocht
200 ml Olivenöl

Die Paprikaschoten im Backofen garen, bis sich die Haut stellenweise braun verfärbt. Dann die Haut abziehen und die Kerne entfernen. Mit Knoblauchzehen, Chilischote, Safran und Salz im Mörser zerreiben. Dann mit der gekochten Kartoffel zu einer dicken Paste verrühren. Das Olivenöl unter ständigem Schlagen tropfenweise hinzufügen, bis die Sauce die Konsistenz eines sämigen Pürees hat.

Provence ist anderswo, nicht in Marseille, darauf beharrt man. Auch in der Küche. Neben Fischeintopf und Muscheln stehen Gemüsecurry oder Lammtagine mit Couscous: kleine Fleischstücke, orientalisch gewürzt und zusammen mit Gemüse in einem Tontopf geschmort. Ein Gericht aus Afrika. Vieles hat nebeneinander Platz. Man gehöre schnell dazu, erzählen neu zugezogene Franzosen. Schon nach einem guten Jahr fühlt man sich hier zu Hause. Wer dann auch noch das begehrte Nummernschild mit der 13 ergattert hat, ist angekommen.

Auch in La Friche bemüht man sich, niemanden auszuschließen, im Gegenteil: Offene Türen gehören zum Konzept, gerade auch für jene Menschen, die sich hier zu verwurzeln suchen. Marseille zählt über achthunderttausend Einwohner. Eine große Stadt, aber keine Großstadt. Die letzte U-Bahn fährt um 22.30 Uhr, am Wochenende etwas länger, viele Busse stehen gegen 22.00 Uhr in der Remise. Natürlich gibt es Kriminalität, doch sehr viel schlimmer als in Städten wie Paris oder Lyon ist es hier nicht: Die Unruhen des Jahres 2005 blieben moderat, auch weniger gewalttätig als in anderen Städten Frankreichs. Marseille wehrt sich gegen die Schauergeschichten und trägt doch schwer an den Klischees. Die Stadt sei arm, jeder Zweite zahle keine Steuern, weiß Philippe Foulquié. Marseille steckt in der Krise. Viele der reichen Bürger sind ins Hinterland abgewandert und haben dort ihr Geld investiert, in Häuser und Weinberge im Vaucluse. Die Universitäten sind an den Stadtrand übersiedelt, die Literaturwissenschaften nach Aix-en-Provence. Die Jugend hat es schwer, es gibt keine Szene, vieles spielt sich hinter verschlossenen Türen ab. »Marseille hat einfach nicht die Vitalität von Paris, Wien oder Berlin«, meint Philippe und rennt dagegen an. »Vivante, libre, souple et ouverte«, das sei das Wesen seines Denkens und Handelns. Lebendig, frei, geschmeidig und offen zu sein, das ist auch der Kern der Philosophie von La Friche. Philippe Foulquié hat vieles ausprobiert, auch die Trennung von Marseille, wo er geboren und aufgewachsen ist. Zwanzig Jahre lang hat er in und um Paris gearbeitet, dann zog es ihn zurück. Das Licht, das Meer, die Stimmung in der Stadt. Das alles hat er

vermisst. Und überhaupt: Für einen Rebellen wie ihn gibt's immer noch viel zu tun.
Und auch La Friche segelt weiter, über den Horizont hinaus. Dort liegen andere Meere. Viele Wege sind offen.

Dem Himmel so nah
Petrarca legt sich schlafen.
Die Reise geht los.

Er steht ihm vor Augen, er sitzt ihm im Nacken, er geht ihm ans Herz. Sébastien Vincenti lebt im Schatten des Ventoux. Er sei ein Chauvinist, spotten seine Freunde, ein Schwärmer. Aber das lässt er sich einfach gefallen: Für ihn, so Sébastien Vincenti, sei der Ventoux der schönste Berg der Welt. Seit 1993 ist er ihm näher denn je. Zusammen mit seiner Mutter, Nanou Barthélemy, hat Sébastien die *Domaine Fondrèche* gekauft, fünfunddreißig Hektar Land, ein Stück außerhalb des Städtchens Mazan. Côtes du Ventoux heißt das Anbaugebiet, Les Terrasses du Comtat die Gegend nördlich von Carpentras, in der das Weingut liegt. Eine Ebene voller Reben und Felder, dazwischen ein paar Dörfer. Der weiße Gipfel des Ventoux beschirmt den Landstrich, an ihm kommt man nicht vorbei.

Sébastien Vincenti will das auch nicht. Er und seine Mutter hätten sich damals in ein wirkliches Abenteuer gestürzt, erzählt er. Nanou ist Biologin, Sébastien hat in Montpellier Weinbau studiert und vier Jahre lang in Châteauneuf-du-Pape gearbeitet, André Brunel von der *Domaine Les Cailloux* wurde sein Lehrmeister. Doch was die beiden nun in Mazan erwartet, da sie sich selbstständig machen, können sie nicht wirklich ermessen. Das Gut hat keinen Keller, es fehlt an Geräten aller Art, die Weinstöcke sind überaltert. Mutter und Sohn gehen an die Arbeit. Nur wenige Stöcke bleiben stehen, die meisten müssen neu gepflanzt, die Weinsorten den Böden angepasst werden. Rot, weiß, rosé, hauptsächlich *Grenache* und *Syrah*, dazu *Mourvèdre* und *Carignan*.

Inzwischen hat Sébastien längst einen hochmodernen Keller. Doch damit mache man noch keinen guten Wein, weiß er. Er hat *Fondrèche* auf naturnahen Anbau umgestellt, verwendet keine chemischen Unkrautvertilgungsmittel und keinen Kunstdünger, verzichtet auf Filtration – und setzt auf Mond und Gestirne. *»On ne peut pas aller plus vite que la nature«*, davon ist Sébastien überzeugt, schneller als die Natur könne man es nicht angehen. Der Boden seiner Domaine ist derselbe wie unten im Rhônetal, allein die Temperaturschwankungen zwischen Tag und Nacht sind etwas größer. Dazu der Ventoux mit seinen Fallwinden. Auf ihn gilt's zu bauen, einmal mehr, mit ihm müsse man leben. Sébastien kennt seinen Berg. Er war zu Fuß am Gipfel und noch viel öfter mit dem Fahrrad: hinauf über Bédoin und St. Estève, hinunter über Malaucène – und umgekehrt.

Malaucène liegt 323 Meter über dem Meer. Ein kleiner Ort mit gerade einmal zweitausend Einwohnern. Wer hier ankommt, kennt nur eine Richtung: nach oben. Ganz Malaucène hat sich darauf eingestellt. Weiche Betten im Hotel *L'Abri du Ventoux*, dick belegte Sandwiches und kühle Getränke in der Bar *Les Terrasses du Ventoux*, Wanderkarten in der *Maison de la Presse*. Die *Ambulance du Ventoux* ist für Notfälle aller Art bereit. Vor dem Sportgeschäft *Ventoux-Bikes* parken Fahrräder in allen Größen und Ausführungen. Die Zahlen sprechen für sich: 21 Kilometer, gut 1500 Höhenmeter, Steigungen bis zu 7,5 Prozent. Kein Sonntagsspaziergang. Fünf bis sechs Stunden dauert der Aufstieg auf den Mont Ventoux, auf Pfaden, die nur ab und zu die Straße kreuzen. Dort sind die Radfahrer unterwegs. Die Straße schraubt sich nach oben, durchmisst Wälder, später Macchia und erreicht schließlich ein weites Feld, bedeckt mit scharfkantigen hellen Steinen. Der höchste Punkt, die Kuppe. Nichts, was sich den Winden in den Weg stellt, kein Baum, kein Busch, keine Blume. *Mons Ventosus* hat man ihn früher genannt, den windigen Berg.

Doch eigentlich war er Sitz einer keltischen Gottheit, des Vintur, der von hier aus die Provence überwachte. Lange Zeit dachten nur wenige Menschen daran, sich vom Tal auf die Höhen zu bewegen. Zu unwegsam schien das Gelände, zu wenig lohnend die Mühe des Aufstiegs. Allein den Gottheiten galt es zu huldigen, ihnen zu Ehren kletterten Hirten und Jäger bis zum Gipfel. Heute opfert man andernorts. Die Radfahrer stürmen den Berg, an einem Steinblock hinterlassen sie ihre Gaben: verschwitzte T-Shirts, Trinkflaschen, einen Fahrradschlauch. Der Ventoux gilt immer noch als Königsetappe der Tour de France, einer der forderndsten und schwierigsten Abschnitte des Rennens.

Natürlich sitzt auch Sébastien Vincenti vor dem Fernsehgerät, wenn die Sieger über die Ziellinie rasen. Er selbst scheut den Trubel, hält sich lieber im Hintergrund. Auch in eigener Sache. Trotz aller Zurückhaltung verkaufen sich seine Weine in der ganzen Welt. Er selbst wird als aufstrebender Star unter den Winzern der Côtes du Ventoux gehandelt. Ein Landstrich, der immer noch um sein Image kämpft, der kleine Bruder von Châteauneuf-du-Pape, Côtes du Rhône oder Gigondas. Er habe zu wenig Zeit, um sich gut zu vermarkten, meint Sébastien Vincenti und lacht, die Arbeit in Weinberg und Keller ist ihm wichtiger als Messen, Treffen mit Journalisten, Verkostungen in Luxusrestaurants. Sébastien ist bei sich selbst geblieben. Der Ventoux hat ihn geerdet. Auf ihm finde er alles, was er suche, erklärt er: Geier, Ziegen und Gämsen, Pilze, Erdbeeren und Wacholder. Und vor allem die Sicht. Der Aufstieg ist hart, das gibt er zu. Vom Gipfel blickt er hinunter auf seine Welt, auf die Provence. Es gibt nichts Schöneres, da können seine Freunde sagen, was sie wollen. Noch ein Schluck aus der Wasserflasche, die Abfahrt beginnt.

Francesco Petrarca, ein letztes Mal. In tiefster Nacht – so denn seine Geschichte stimmt – kehren er und sein Bruder

Gherardo mit ihren Dienern in ihr Nachtlager zurück. Doch der Dichter ist zu aufgewühlt, um sich zur Ruhe zu begeben. Er setzt sich sogleich an den Tisch und schreibt seinem Freund Francesco Dionigi. »Wie oft, glaubst du, habe ich an diesem denkwürdigen Tag, auf dem Rückwege umblickend, den Gipfel des Ventoux betrachtet. Er schien mir kaum die Höhe einer Elle zu haben gegenüber der Höhe menschlicher Betrachtung, wollte man sie nur nicht in den Schmutz der irdischen Abscheulichkeit versenken. Und auch das kam mir Schritt für Schritt in den Sinn: Wenn es einen nicht reut, so viel Schweiß und Mühe auf sich zu nehmen, damit der Leib ein klein wenig dem Himmel näher komme …?«

Der Mann im Mond zwinkert mit den Augen. Eine Wolkenbank zieht über den Ventoux und deckt ihn zu. Die Provence legt sich schlafen. Morgen ist auch noch ein Tag, und vielleicht geht's morgen erst richtig los.

Die Autorin

Susanne Schaber wurde in Innsbruck geboren und ist mit dem Blick über die Berge und Grenzen aufgewachsen. Sie hat Germanistik und Anglistik studiert und lebt heute als Literaturkritikerin und Reiseschriftstellerin in Wien. Zuletzt erschienen ihre Bücher »Großes Welttheater auf kleiner Bühne – Logenplätze in Friaul und Triest« und »Weit hinten lacht die Ewigkeit – Streifzüge durch Venetien«. Im Sanssouci Verlag hat sie 2008 den Band »Der Jakobsweg – Nordwestpassage zur Welt des Geistes« herausgebracht. Um- und Seitenwege sind ihre Leidenschaft, das Abzweigen von den Hauptrouten ihre Passion. Auf diese Weise hat sie die Provence erkundet, ihrem inneren Kompass folgend: der Neugier und den Überraschungen, die dort allerorts um die Ecke biegen.

Orts-, Sach- und Namenregister

Afrika 41, 110, 111, 114
Aigues-Mortes 95, 96, 97, 100
Aimargues 97
Aix-en-Provence 17, 18, 25, 26
Alpes-de-Haute-Provence 73
Alpilles 12, 31, 42, 85, 93
Apt 39, 40, 74
Arles 5, 12, 28-31, 54, 55, 93,
    101
Avignon 5, 6, 12, 15, 22, 59-69,
    89, 125
Bac du Sauvage 97
Banon 74
Beaucaire 101
Beauregard 26
Bédoin 118
Bellevue 32
Belon, Joseph 92
Beruguettes 51
Bibémus 26,32
Boccaccio, Giovanni 69, 84
Bonnieux 43
Bouzigues 26
Brasserie Les Deux Garçons 26
Brunet 77
Cabestan, Guilhem de 83, 84
Calissons d'Aix 26
Camargue 12, 28, 30, 95-103
Camus, Albert 41, 42, 45
Carpentras 11, 12, 39, 66, 117
Cavaillon 39
Céreste 40, 41
Cézanne, Paul 5, 25-35
Char, René 11, 40-47
Châteauneuf-du-Pape 19, 62,
    63, 117, 119
Châteaurenard 89, 101
Chemin des Lauves 26, 33, 34

Comtat Venaissin 38
Correns 16-18, 20
Côte d'Azur 71
Côte du Rhône 119
Côte-du-Ventoux 117
Coty, René 79
Crau 28
Dante Alighieri 68
Daudet, Alphonse 28, 89
Digne-les-Bains 71, 73, 80
Dionigi, Francesco 120
Dominici 71-80
Draguignan 21
Durance 61, 71-73
Durance-Sud 40
Färber 60
Félibrige 88
Fleur de Sel 95, 96, 100
Fontaine-de-Vaucluse 37, 67, 69
Forcalquier 40, 74, 79, 84
Fougasse 49
Gabin, Jean 80
Ganagobie 5, 77, 80
Gard Provençal 21
Gardanne 32
Gauguin, Paul 31
Gaulle, Charles de 19, 41, 79
Gelbes Haus 30, 31
Gerbereien 38
Gigondas 19, 119
Ginoux, Marie 29
Giono, Jean 28, 74, 78, 79, 96
Glanum 54
Gogh, Vincent van 5, 23, 25,
    28-31
Gordes 43
Gorges du Verdon 15, 16
Gotisch 38

Gregor XI. 64
Griechen/griechisch 53, 54, 60
Gros Bessillon 16
Grossanes → *Beruguettes* 51
Gryphius, Andreas 68
Hafen 12, 65, 97, 100, 107-111
Handke, Peter 28
Haute-Provence 5, 12, 71-78
Homer 88
Impressionismus 34
Izzo, Jean-Claude 107
Jas de Bouffan 26
Kandinsky, Wassily 28
Katharer 61, 85
Kelten/keltisch 28, 54, 119
Klemens V. 61
Klemens VI. 62
L'Estaque 5, 27
L'Isle-sur-la-Sorgue 37, 38, 42
La Belle de Mai 107, 108, 109
La Friche 107-109, 114, 115
La Grand' Terre 72, 80
La Sorgue 37, 38, 40, 42, 67
Lac de Sainte-Croix 15
Lacoste 39
Lagune 97
Lamartine, Alphonse de 89
Langlois 29
Le Tholonet 32
Les Alyscamps 29
Les Baux 13, 85, 86, 93
Les Terrasses du Comtat 117
Les-Saintes-Maries-de-la-
    Mer 5, 29, 102, 104
Levant → *Mistral* 78
Livius 11
Lourmarin 13, 42-46
Luberon 5, 6, 42, 43, 75
Ludwig IX. 97
Lure 71, 77
Macchia 39, 118
Maillane 89, 90, 93
Maison Carrée 54
Malaucène 12, 118
Manosque 74
Maria Jakobäa 103, 104

Maria Salome 103, 104
Marin blanc → *Mistral* 78
Marseille 5, 12, 20, 22, 27, 53,
    54, 60, 72, 89, 109-115, 125
Mas du Juge 89
Massif de la Sainte Baume 16
Matisse, Henri 28
Mayle, Peter 43
Mazan 117
Minnesang 83,84,85
Mirabel-aux-Baronnies 49, 50,
    56
Mistral 23, 72, 78
Mistral, Fréderic 83, 85, 88-93
Mittelalter 38, 60, 85-86, 96,
    100, 117-120
Mont Ventoux 6, 25-28, 128
Montagne Sainte-Victoire 5, 13,
    16, 21, 25-28, 33
Montblanc 12
Mühle 23, 38, 46, 50-51, 53-56
Musée François Petrarque 67
Musée Granet 27
Muséon Arlaten 92
Nîmes 21, 54, 101
Nizza 16, 20
Nooteboom, Cees 6
Noves, Laura de 59 (auch: Laure
    de Sade → Petrarca)
Nyons 49, 51
Öl 49 57
Oliven 49–57
Opitz, Martin 59
Oppède-le-Vieux 5, 43, 84
Orange 54
Orient 38, 109-110
Ovid 68
Papstpalast (*Palais du Pape*)
    60-62, 64-65
Pastis 89, 110
Pays d'Aix 25-26, 51
Pernes-les-Fontaines 85
Pertuis 74
Petrarca, Francesco 6, 11-12,
    59-61, 65, 67-69, 119
Philipp IV. 61

Picasso, Pablo 28
Picholines 51
Plateau de Valensole 77
Pont d'Avignon 60
Pont des Trois Sautets 26
Pont du Gard 54
Provence verte 16
Pyrenäen 12
razeteur, le 55, 71, 101-102
Renaissance 38, 60, 88, 93
René I. von Anjou 103
Renoir, Pierre-Auguste 28
Résistance 6, 41-42, 73
Rhône 5, 29, 60 61, 96, 118-119
romanisch 12, 39, 77
Römer/römisch 12, 28-29, 54-55, 92, 97
Roth, Joseph 60
Roulin, Joseph 29
Roussillon 43, 84
Rue des Teinturiers 60
Sade, Marquis de 39
Saint Estève 118
Sainte-Claire 59, 68
Saint-Rémy-de-Provence 31, 60, 93
Salin-de-Giraud 97
Saline 95–97, 100
Salonenques → *Beruguettes* 51
Santons 86
Sara, die Schwarze (auch: Sara-la-Kâli) 103–104

Seghers, Anna 109
Sénanque 5, 66, 86
Shakespeare, William 68
Silvacane 86
Sisteron 26, 72, 75, 77
Solari, Philippe 27
Spinnereien 38
St.-Quentin-la-Poterie 21, 23
Stierkampf 55, 71, 101
Tanches 50, 51
Tarascon 29, 89
Templer 15
Terrain des Peintres 26
Toulouse-Lautrec, Henri de 28
Tour de France 119
Travèsso → *Mistra*l 78
Tremountano → *Mistral* 78
Troubadour 68, 83-85, 88, 93
Uzès 15, 21, 97
Vaison-la-Romaine 54
Vallée des Baux 51
Vanderbeke, Birgit 21-23
Vaucluse 12, 37, 39, 60, 67, 69, 114
Venasque 39
Verdales → *Beruguettes* 51
Vergil 68
Vichy-Régime 39 40
Vieux Moulin 50-56
Villeneuve-lès-Avignon 60
Vollard, Ambroise 34
Zigeuner 102-103
Zola, Émile 26, 28

Rezepte

Basilikumpaste
(Pistou) 53

Eisgekühlter Nougat mit
Lavendelhonig
*(Nougat glacé au miel de
lavande)* 66

Entenbrustfilets in
Lavendelhonig
*(Canette laquée au miel de
lavande)* 44

Gefüllter Schafspansen mit
Lammfüßchen, Karotten und
Tomaten geschmort
(Pieds et paquets) 86

Geschmorte Lammfleisch-
scheiben mit Gemüse
(Carbonnade provençale) 90

Kaninchen nach Sisteron-Art
*(Lapin à la façon de
Sisteron)* 75

Kartoffelpüree nach
provenzalischer Art
*(Purée de pommes de terres à la
provençale)* 76

Knoblauchmayonnaise
(Aïoli) 45

Kräuteromelett
(Crespeau aux herbes) 32

Marseilleser Fischtopf
(Bouillabaisse) 112

Melonen-Trauben-Salat
(Cachat au salade de melon) 99

Olivenpaste
(Tapenade) 52

Scharfe Paprikasauce
(Rouille) 113

Seewolf in Salzkruste
*(Loup de mer en croûte de
sel)* 98

Trüffelrührei
(Brouillade de truffes) 78

Wildhase nach Avignon-Art
*(Lièvre à la façon
d'Avignon)* 63

Wildschweinpfeffer
(Civet de sanglier) 19

Quellenvermerk

Albert Camus – René Char: Einsam und Gemeinsam. Spuren einer Freund-schaft. In: Osiris. Zeitschrift für Literatur, 5/1998. Hrsg. von Bern-hard Albers und Horst Wernicke. Übers. v. Ingrid Altmann u.a. Rimbaud Verlag, Aachen 1998

Cézanne, Paul: *Über die Kunst.* Hrsg. von Walter Hess. Übers. v. Elsa Glaser und Walter Hess. Mäander Kunstverlag, München 1980

Char, René: *Hypnos – Aufzeichnungen aus dem Maquis 1943 – 1944.* Hrsg. von Horst Wernicke. Übers. v. Paul Celan. © S. Fischer Ver-lag, Frankfurt am Main 1999

Ders.: *Rückkehr stromauf.* Übers. v. Peter Handke. Edition Akzente. © Carl Hanser Verlag, München 1984

Giono, Jean: *Der Fall Dominici.* Übers. v. Richard Herre. © Verlag Kie-penheuer & Witsch, Köln 1956

Izzo, Jean-Claude: *Total Cheops.* Übers. v. Katharina Grän und Ronald Voullié. Unionsverlag, Zürich 2000

Mistral, Frédéric: *Les îles d'or.* Alphonse Lemerre, Paris 1929

Ders.: *Seele der Provence. Mireille. Erinnerungen.* Übers. v. Hans Roesch und E. von Kraatz. © Alfred Scherz Verlag, Bern/Stuttgart 1959

Nooteboom, Cees: *Der Hund des amerikanischen Doktors.* In: Gesam-melte Werke, Band 9. Hrsg. von Susanne Schaber. Übers. v. Helga van Beuningen. © Suhrkamp Verlag, Frankfurt am Main 2008

Plazy, Gilles/ Jacqueline Saulnier/Jean-Bernard Naudin: *Cézanne bit-tet zu Tisch.* Übers. v. Wolfgang Glaser und von Michael und Su-sanne Farin. © Heyne Verlag, München 2002

Petrarca, Francesco: *Dichtungen, Briefe, Schriften.* Hrsg. von Hans W. Eppelsteiner. Übers. v. Hermann Hefele, Franz Friedersdorff, Paul Nachod und Paul Stern. © Insel Verlag, Frankfurt am Main 1980

Seghers, Anna: *Transit.* © Luchterhand Literaturverlag, Darmstadt und Neuwied 1985

Roth, Joseph: *Das Journalistische Werk 2. 1924 – 1928.* Hrsg. von Klaus Westermann. © Verlag Kiepenheuer & Witsch, Köln 1990

Van Gogh, Vincent: *Briefe. Vincent van Goghs Briefe an seinen Bruder.* Band 1. Hrsg. von Johanna Gesina van Gogh-Bonger. Übers. v. Leo Klein-Diepold und Carl Einstein. © Insel Verlag, Frankfurt am Main 1988

Vanderbeke, Birgit: *Ich sehe was, was du nicht siehst.* © S. Fischer Ver-lag, Frankfurt am Main 2001

Inhalt

Vorwort 5

Die Provence und ihr Olymp
Mit Petrarca auf den Mont Ventoux   *11*

Rückfahrkarte? Keine
Alle wollen in den Süden:
Die Provence der Sehnsüchte   *15*

Langsame Wege um die Montagne Sainte-Victoire
Unterwegs auf den Spuren
von Cézanne und van Gogh   *25*

Sterne mit Schatten
Ein widerständiger Landstrich:
Das Vaucluse   *37*

Ganze Tage in den Bäumen
Alain Farnoux lebt mit seinen Oliven   *49*

Das Feuer im Herzen, den Hasen im Bauch
Avignon und der Papst, Petrarca und die Liebe   *59*

Verriegelte Türen, schweigsame Mauern
Von Schäfern und Schäferstündchen:
Mord in der Haute-Provence   *71*

Minnesangs Frühling
Von Liebeshändeln, Leidenschaft und
dem Erbe der Troubadoure   *83*

Wo das Salz blüht
Niemandes Land: Die Camargue   *95*

Schiff ohne Anker
Der Horizont bleibt weit: Marseille   *107*

Dem Himmel so nah
Petrarca legt sich schlafen.
Die Reise geht los.   *117*

Die Autorin   *121*
Orts-, Sach- und Namenregister   *122*
Rezepte   *125*
Quellenvermerk   *126*